아침
키스가
연봉을
높인다

대한민국 1호 부부강사의
가정 경영 솔루션

두상달·김영숙 지음

아침
키스가
연봉을
높인다

비전CNF

프롤로그

결혼생활은 '종합예술'입니다

"두 회장, 강의하는 대로 살아?"

친구가 갑자기 질문을 던지자, 옆에 있던 아내가 곧장 답했습니다.

"우린 강의하는 대로 사는 게 아니라 사는 대로 강의해요."

또 한번은 어떤 분이 다가와 "멋있는 분하고 사시니 사모님은 참 좋으시겠어요" 하고 부러움을 담아 말했습니다. 그러자 1초도 안 걸리고 아내의 즉각적인 반응이 나왔습니다.

"네? 뭐라고요? 그럼 같이 한번 살아보실래요?"

아내의 말에 그 자리가 웃음바다가 되었습니다.

사람 사는 모습은 다들 엇비슷합니다. 401호 사는 사람이나 402호 사는 사람이나 모두 어금버금합니다.

사람은 혼자일 때보다 둘일 때 더 아름답습니다. 사랑하는 남녀의 첫 키스는 사랑의 확인인 동시에 갈등의 시작이기도 합니다. 혼자 살면 부부 갈등이란 없습니다. 그러나 결혼으로 누리게 되는 행복과 기쁨도 없습니다. 부부는 사랑하면서도 서로 다르기 때문에 부딪히고 상처를 주고 받기도 합니다. 처음엔 떨어져서는 단 하루도 못 살겠다고 하더니, 이젠 한시도 같이 있을 수 없다고 합니다. 부부간의 사랑과 전쟁은 영원히 끝나지 않을 인류 최대의 테마이고 화두일 것입니다.

결혼은 서로 다른 두 사람이 만나 조화를 이루며 살아가는 종합예술입니다. '러브 파트너'(love partner)일 때는 마냥 좋기만 하지만, '라이프 파트너'(life partner)로 같이 살아가면 갈등은 있게 마련입니다. 사랑한다고 갈등이 없는 것도 아니고, 갈등한다고 사랑하지 않는 것도 아닙니다. 갈등은 사랑하고 살아 있다는 증거입니다. 싸움도 일종의 대화이기 때문에 갈등이 있을 때 때로는 싸워야 합니다. 싸우는 것이 문제가 아니라 잘못 싸우는 것이 문제입니다. 잘못 싸우면 멀어지지만 잘 싸우면 오히려 가까워집니다. 그러기 위해서는 이 책에서 제시하는 싸움의 원칙을 잘 지키며 싸워야 합니다.

부부 싸움은 제로섬(zero-sum) 게임이 아닙니다. 윈윈(win-win) 게임으로 둘 다 이기는 승승(勝勝) 게임이 되어야 합니다. 철든 부부일수록 서로 먼저 져 줍니다. 지는 것이 곧 이기는 길이기 때문입니다. 나 자신이 '돕는 배필'인지, '바라는 배필'인지 돌아보아야 합니다. 돕는 배필은 상대의 약점이나 부족한 점을 자신이 채워 주어야 할 몫이라 생각합니다. 그래서 서로 보완관계가 됩니다. 하지만 바라는 배필은 그렇지 않습니다. 자기 기준과 필요에 따라 자기중심적으로 상대를 바꾸고 조정하려고 합니다.

일상에서 최우선 순위로 생각해야 하는 사업장은 가정입니다. 별을 연구한다고 하늘만 쳐다보며 뒷걸음치다가 우물에 빠져 죽은 철학자가 있습니다. 행복을 찾으려면 먼 곳을 바라볼 것이 아니라 가까운 곳을 살펴야 합니다. 지구촌 곳곳을 누비며 사업을 하더라도 가정을 잃으면 모두 잃는 것입니다.

워라밸(work-life balance), 즉 가정과 일터가 균형을 이루어야 합니다. 아침 출근길이 즐거우면 하루가 즐겁습니다. 통계적으로 보면, 아침 키스를 받고 출근하는 사람의 연봉이 그렇지 않은 사람에 비해 20~30퍼센트 더 높다고 합니다. 아침 신바람이 하루를 신바람 나게 하고 일터도 신바람 나게 합니다. 자연스레 업무성과도 올라갑니다. 반면, 아침에 부부싸움을 한 날은 교통사고 날 확률이 높습니다.

성공은 준비가 기회를 만날 때 이루어집니다. 그런데 인생에서 가장 중요한 결혼을 준비 없이 무면허로 하게 되면 어떻게 될까

프롤로그

요? 그렇게 '무면허 남편' '무면허 아내'로 만나 사니 삶이 서툴고 미숙하여 갈등을 피할 수 없게 됩니다.

가정 행복 전도사라고 하는 저 역시 가정에서 제 몫을 다하지 못했다는 아쉬움과 회한이 있습니다. '가정의 원리를 좀 더 일찍 알았더라면 더 멋진 남편, 더 훌륭한 아버지가 되었을 텐데……' 하는 아쉬움에 가슴이 시리고 아파 올 때가 있습니다. 가장으로서 서투르고 미숙해서 본의와 다르게 상처를 주기도 했고, 허상의 아버지, 무덤덤한 남편으로 살기도 했습니다. 그렇게 저도 한때 가정에서 순기능을 하기보다 역기능을 한 '무면허 가장'이었습니다.

운전 면허를 받으려면 운전 학원을 다니면서 준비하고 시험도 치러야 합니다. 자동차의 구조와 작동 원리가 복잡하다 한들 결혼 생활만 할까요. 그런데도 운전보다 훨씬 어렵고 위험이 닥치기도 하는 결혼생활에 대한 공부나 준비는 왜 하지 않는 걸까요. 부부 행복을 위해서는 '결혼 면허'가 필요합니다. 배우고 훈련해야 합니다. 그렇게 저 자신도 배우고 훈련하여 먼저 변하니 제 아내가 변했고 자녀들도 변했습니다. 제가 변한 만큼 우리 가정이 달라졌습니다. 《아침 키스가 연봉을 높인다》는 한때 '무면허 결혼생활자'였던 저 자신과 우리 가정의 삶에서 길어 올린 이야기들이자 수많은 부부를 만나고 상담해 온 사례들이기도 합니다.

모두가 1등을 할 수는 없지만, 누구나 행복해질 수는 있습니다. 과거를 바꿀 수는 없지만, 미래는 얼마든지 바꿀 수 있고 행복하게 살아갈 수 있습니다. 이 책이 가정 문제로 힘들어하고 가슴앓이하는 이들에게 위로가 되고 소망으로 다가가기를 기대합니다. 또한 행복하고 축복받는 결혼생활을 꿈꾸는 모든 이들에게 바르고 유익한 지침이 되고 행복의 마중물이 되리라 확신합니다.

모든 가정에 행복과 축복이 있기를 염원하며,

두상달

차례

005　　**프롤로그** 결혼생활은 '종합예술'입니다 **두상달**

1장 결혼, 환상에서 벗어나라

017　　결혼을 다시 한다면
020　　급증하는 가정 해체
023　　천생연분? 평생웬수!
026　　결혼은 현실이다
029　　환상 커플이 환장 커플로
033　　생일날 꽃값 주고 찍힌 남자
036　　신혼 초에 잡아야지
039　　결혼에도 면허증이 필요하다
044　　**부록: 배우자에게서 채움 받기를 바라는 욕구 5가지**

2장 당신과 나, 서로 다름을 인정하라

047　　우리 부부는 맞는 게 없어!
051　　남자들의 행복은 뱃속에 있다
056　　목표지향인가, 관계지향인가

060	쇼핑의 목적
064	자존심과 사랑 사이의 거리
067	잡종 강세
070	**부록: '좋은 부모' 체크 리스트 10**

3장 대화도 훈련이고 기술이다

073	어법이 다른 남녀
077	머리로 말하고, 가슴으로 듣고
081	축소결론형과 확대진술형
085	수다 아니면 무슨 낙으로
089	해답보다 공감이 먼저
093	'구나구나' 어법의 기적
097	일인칭 어법으로 말하기
100	길거리 대화와 침실 대화
103	대화는 듣는 일
106	칭찬에 담긴 플러스 에너지
109	말보다 더 중요한 언어
113	**부록: 부부간 의사소통 점검 리스트 15**

4장 잘 싸우며 삽시다

- 117   잘 싸우는 것도 대화
- 120   참는 사람보다 대드는 사람이 오래 산다
- 123   곰 같은 아내, 여우 같은 아내
- 126   링 안에서 싸워라
- 129   관객 없이 싸워라
- 134   집안 약점 들추면 레드 카드
- 137   과거에 집착하지 마라
- 140   폭력만큼은 결단코 NO!
- 144   마음속 어린아이를 보듬어라
- 148   항상, 언제나, 도대체, 왜
- 151   공격은 재치 있게 하라
- 154   윈윈 게임, 지는 게 이기는 것
- 158   **부록: 부부 싸움 규칙 20가지**

5장 아침 키스가 연봉을 높인다

- 167   아침 키스가 연봉을 높인다
- 170   행복한 가정이 경쟁력
- 173   일과 가정이라는 두 마리 토끼
- 178   가정도 경영이 필요하다

181 가정 경영의 리스크 관리
184 은퇴 남편 증후군
187 가정은 패러데이의 새장
191 **부록: 부부 갈등을 악화시키는 위험 요인 4가지**

6장 친밀한 대화, 아름다운 성

195 손을 잡고 눈을 맞춰라
198 어디를 만져야 할까?
202 행복한 성생활의 조건
205 정서적·육체적으로 유익한 성
208 결혼할 때 35억 명을 포기했다
211 아내들이 바라는 5가지
215 남편들이 바라는 5가지
219 나이의 경계를 허무는 성
222 시각적 존재, 청각적 존재
225 마지막까지 내 편은 남편
228 **부록: 행복한 가정을 만드는 기적의 말 11가지**

7장 두 마리 말이 수레를 끌듯

- 231   배우자, 생애 최고의 선물
- 236   사랑의 가계부를 써라
- 240   자연인으로 만나라
- 243   있을 때 잘해
- 247   웃음은 가장 값진 인테리어
- 251   아내가 요구하면 항상 OK!
- 254   앞치마를 두른 남자
- 258   부모로부터 떠나라
- 262   부부는 서로 같은 편
- 265   처갓집 말뚝에 절을 하라
- 269   전문가 코칭이 필요한 이유
- 274   **부록: 부부 관계 업그레이드를 위한 체크 리스트 20**

276   **에필로그** 행복의 열매가 풍성하기를 소망하며   김영숙

1장

결혼,
환상에서
벗어나라

©Paul Pastourmatzis/Unsplash.com

결혼을 다시 한다면

부부행복학교를 진행할 때 이런 질문을 던진다.

"만약 결혼을 다시 한다면 지금의 배우자를 만나고 싶습니까?"

이 질문에 흥미로운 결과가 나왔다. 10년 이상 결혼생활을 한 아내들의 70~80퍼센트는 '바꾸겠다'에 ○표를 했다. 반면 남편들의 70퍼센트 이상은 '바꾸지 않겠다'라고 응답했다. 아내들은 부족하다고 느끼는 데 비해 남편들은 둔감해서 그런지 별문제를 느끼지 못하는 모양이다.

당신의 배우자는 과연 어떤 생각을 하고 있을까?

상처 속에 한 맺힌 삶을 살아온 사람은 이렇게 말한다.

"지금까지 당하고 산 것도 억울한데, 뭘 또 만나요? 그만큼 고통받았으면 됐지 무슨 영화를 누리겠다고 다시 만난답니까?"

배우자가 이런 대답을 했다면 서글프게 느껴진다.

그런가 하면 이렇게 말하는 사람도 있다.

"우리가 만나서 서로 상대방에게 맞추느라 지금까지 눈물겨운 노력을 해 왔는데, 어떻게 다른 사람을 만나요? 그 인고의 과정을 또 겪으라고요? 긴 세월 함께 울고 웃어 온 인간이 훨씬 낫지요!"
이처럼 너그러운 아내들도 있다.

서양에 "싫증 나면 바꾸고 싶은 것이 남편과 가구다"라는 농담이 있다. 진실로 가치 있는 것의 소중함을 모르고 하는 소리다. 이런 넌센스 퀴즈도 있다. 술집에서 가면 기본 안주로 땅콩을 주는 곳이 많은데, 이 땅콩과 마누라는 공통점이 세 가지 있단다. 첫째, 공짜다. 둘째, 심심하면 시도 때도 없이 습관적으로 집어 먹는다. 셋째, 다른 안주가 등장하면 거들떠보지 않는다. 다들 웃자고 하는 말이지만 그 속에 묘한 심리적 풍유(諷諭, Allegory)가 있다.

우리나라의 이혼율은 OECD 국가 가운데서도 이미 최상위권에 속한다. 부부 두세 쌍 가운데 한 쌍이 이혼한다. 황혼 이혼이 가파르게 늘고 있으며, 여자 쪽에서 더욱 당당하게 이혼을 요구하고 나선다. 이제 '검은 머리 파뿌리 되도록' 산다는 건 사라진 옛 노래가 되었다.
가부장적 문화의 잔재가 남아 있던 시절에는 여자들이 인내를 미덕으로 여기며 참고 살아왔다. 그러나 지금은 시대가 달라졌다.

황혼기에 이른 아내들의 권리 선언이 그칠 줄 모른다. 그동안 자식들 때문에 참고 살았지만 앞으로는 자신의 삶을 찾겠다고 한다. 늦게나마 존중받으며 살겠다는 것이다.

이혼은 정신적 공황을 가져올 만큼 삶에 큰 타격을 준다. 특히 황혼 이혼은 여자보다 남자들에게 훨씬 견디기 힘든 고통이다. 여자들에 비해 관계 맺기에 서툰 남자들은 친구나 자식과 속마음을 나누기 어렵고 자신의 생활을 세심하게 돌보는 일도 어렵다. 오죽하면 "과부 삼 년에 은이 서 말이요, 홀아비 삼 년에 이가 서 말"이라는 말이 있을까? 이런 비극적인 종말이 나와는 전혀 상관이 없는 이야기일까?

"다시 결혼한다 해도 당신과 하겠어요."

배우자로부터 이런 대답을 듣는다면 다행이다. 그러나 만약 당신의 배우자가 이렇게 대답한다면?

"그만큼 고생했으면 됐지, 뭐 하러 이 사람을 또 만나요? 두 번 다시는 만나고 싶지 않아요."

배우자의 대답은 당신 부부를 비추는 거울이다. 당신 부부는 어떤가? 그리고 당신은 배우자에 대하여, 또 배우자의 속마음을 얼마나 알고 있는가?

급증하는 가정 해체

가정이 해체되고 있다.

결혼한 이들의 절반이 이혼하는 추세다.

주변의 반대를 무릅쓰고 어렵게 만나 결혼하고는 허무하게 헤어지기도 하고, 또 매우 쉽게 만나서 쉽게 헤어지기도 한다.

어떤 젊은이는 결혼식장에서 드레스를 잘못 밟아 찢어졌는데 그것이 시비가 되어 헤어졌다. 결혼 날짜 잡아 놓고 준비를 하다가 혼숫감 문제로 감정이 상해 끝장내기도 한다. 신혼여행 갔다가 따로따로 돌아오기도 한다. 신혼 초에 이불을 펴고 개는 문제로 헤어지기도 한다. 오순도순 잘 살아 보자고 다짐하며 결혼했건만 3년도 안 되어 이혼 소송을 제기한 부부가 절반이나 된다.

30년 전만 해도 이혼율 50~60퍼센트의 서구 사람들을 이해할 수 없었다. 그러나 지금은 남의 말 할 입장이 못 된다. 이혼율이나 이혼증가률이 세계 최고의 반열에 서 있다. 이혼 도미노 현상이 일어나고 있는 것이다. 이혼 경보(離婚警報)라도 발동해야 할 상황이다.

이혼은 더 이상 20~30대의 젊은 부부들만의 문제가 아니다. 중년, 아니 황혼 이혼도 급증하고 있다. 자녀 결혼 문제 때문에 참고 이혼을 미루어 오다가 자녀가 결혼함과 동시에 헤어져 남남이 되는 부부도 있다. 이즈음엔 '대입 이혼'이란 말도 심심치 않다. 자녀가 대학 가기 전까지 참았다가 대학에 입학시키고 갈라선다는 것이다.

'환갑 넘긴 이혼남 급증.' 언젠가 읽었던 일본 일간 신문 사회면 톱기사이다. 60세 정년퇴직과 동시에 아내로부터 이혼 당한 일본 남성의 숫자가 한 해 3천여 명에 이른다고 한다. 하루아침에 일터를 잃고 가정에서도 내몰리어 졸지에 오갈 데 없는 비에 젖은 낙엽 신세가 된 것이다.

우리나라도 마찬가지로 말년에 내쫓기는 가장들이 늘고 있다. 희생과 봉사로 인내해 온 아내들이 뒤늦게나마 권리 회복을 선언하고 있다. 인고의 세월을 더 이상 견딜 수 없어 이제 늙어서라도 사람답게 살아 보자는 결심이리라.

나이 들어 돌이켜 보고는 아내에게 좀 더 잘할 수도 있었을 텐데 하고 아쉬워하면서도 여전히 애정 표현을 못 하는 무덤덤한 남성들이 많다. 변할 줄 모르는 꼴통 같은 사람들이 어려움을 당한다. 자기 고집이나 집착이 강할수록, 나이 들어 갈수록 변화할 줄 모른다. 정서와 문화가 변한 것을 모르고 우둔하게 사는 것은 비극이다. 10년 전까지만 해도 이혼을 제기하는 것은 대부분 남자였다. 그러나 지금은 상황이 역전됐다. 여자 쪽에서 당당하게 이혼을 요구하는 세상이 되었다.

한국의 남성들은 5천 년 동안 내려온 가부장적 문화의 수혜자들이다. 그러나 이제는 남성들이 변해야 한다. 그래야 가정이 건강해진다. 악의는 없었다 하더라도 남성들의 과묵함과 무관심, 그리고 표현의 미숙함 때문에 좌절과 외로움으로 가슴앓이하는 여인이 많다.

아내는 거창한 데서 행복감을 느끼기보다 사소한 일에서 행복감을 느낀다. 자상한 말 한마디와 이해해 주고 공감하며 인정해 주는 남편의 부드러운 말에 더 감격하고 눈물 흘린다. 그것을 모르는 데서 갈등이 증폭되고 대화가 단절되며 가정은 냉랭해진다.

그동안 기세등등하게 군림하며 제왕처럼 태평성대를 누려 온 소수의 남자들이여! 세상이 변했다. 이제는 목소리를 낮추자. 그리고 주제를 파악하자. 늙어서 구박받지 않으려거든.

천생연분?
평생웬수!

노인들이 부부 동반으로 출연해서 퀴즈도 풀고 게임도 하는 프로그램이 있었다. 한번은 여든이 넘은 노부부가 출연해 낱말 맞히기 게임을 했다. 할아버지가 글자판에 적힌 낱말을 보고 설명하면 할머니가 그 낱말을 맞히는 게임이었다.

할아버지가 글자판에 적힌 '천생연분'이라는 낱말을 보고 자신만만한 미소를 지었다.

"우리처럼 사는 부부를 보고 뭐라고 하지?"

할머니는 선뜻 대답을 못했다. 할아버지가 답답한 듯 가슴을 치며 다시 설명했다.

"아이, 참. 우리 같은 부부를 왜, 이것이라고 하잖어."

할머니는 그제서야 알았다는 듯 큰 소리로 외쳤다.

"웬수!"

순간 방청석은 웃음바다로 변했다. 당황한 할아버지가 진땀을 흘리며 다시 설명했다.

"아니, 아니. 그거 말고 네 글자로 뭐라고 하지?"

할머니는 잠깐 생각하는 듯하더니 더욱 자신 있게 대답했다.

"으응. 평, 생, 웬, 수!"

사회자가 할아버지에게 물었다.

"그동안 부부 싸움을 한 번도 안 하셨어요?"

"그럼, 그럼. 우리는 천생연분이라니까. 절대로 싸움 같은 거 안 했어요."

그러나 할머니의 대답은 달랐다.

"말도 말아요. 그러자니 내 속은 얼마나 썩었겠수? 내 속 까맣게 썩은 건 아무도 모른다우."

할머니의 속이 까맣게 썩어 가는 줄 모른 채 살아온 무심한 할아버지, 까맣게 타들어 간 속을 아무에게도 하소연하지 못하고 살아온 할머니. 그렇게 수십 년을 함께 사는 동안 할아버지는 할머니와의 관계를 천생연분으로, 할머니는 평생 '웬수'로 여겼던 것이다. 가볍게 웃어 넘기기에는 어쩐지 가슴 한끝이 찡해지는 이야기다. 이 할아버지와 할머니 모습이 오늘날 우리들의 자화상은 아닐까?

부부 상담을 하다 보면, 남편은 문제가 없다고 생각하는데 아내는 고통 속에 빠져 있는 경우를 흔히 본다. 물론 그 반대의 경우도 있다. 어느 한쪽이 자기중심적이고 이기적인 사랑에 빠져 배우자의 고통과 상처에 무심했기에 생긴 일이다.

우리 옛말에 "된장 쉰 것은 일 년 원수지만 배우자 나쁜 것은 백 년 원수다"라는 말이 있다. "부부는 원수끼리 맺어진다"라고도 한다. 그러고 보면 예부터 부부 사이를 원수지간으로 생각했던 사람들이 많았던 모양이다.

그러나 정말 원수끼리 만나 부부의 연을 맺을 리가 있겠는가? 부부 사이를 천생연분으로 만드는가, 백 년 원수로 만드는가는 바로 배우자를 대하는 당신의 태도에 달려 있다.

결혼은 현실이다

대학 축제에서 특강을 할 때 학생들에게 이상적 배우자상을 물어 보았다. 먼저 남학생들의 대답이 줄을 이었다.

얼굴 예쁘고, 상냥하고, 교양 있고, 품위 있으며, 쭉쭉빵빵, S라인이어야 한다. 성격은 드세지 않고 다소곳하며, 순종 잘하고, 낮에는 친구 같고 밤에는 요부 같으며, 심심할 때 동생 같고 힘들 때 어머니같이 헌신적이어야 한다. 아프지 않고 건강하며 요리나 청소를 완벽하게 해내고, 보석이나 명품을 좋아하지 않으며, 돈 잘 벌고, 애 잘 낳고, 이른 새벽부터 밤늦게까지 일해도 지치지 않는 슈퍼우먼…… 등등 끝이 없었다.

다 듣고 나서 이렇게 말했다.

"아 그래요? 그런 사람은 지구상에 없습니다. 여기 오신 남학생들은 전부 혼자 살아야겠네요."

모두가 웃고 말았다.

배우자가 훌륭해지기를 바라지 말고 먼저 내가 훌륭한 배우자로 준비되어야 한다. 지구상에 물 좋고 정자 좋고 산수도 좋은 곳은 없다.

동화 속에서 '공주는 유리 구두를 신고 백마 탄 왕자를 만나 행복하게 살았다'로 끝난다. 남자든 여자든 만남과 결혼을 통해 나은 삶을 살기를 꿈꾼다. 일종의 신데렐라 신드롬(Cinderella Syndrome)이다. 그러나 결혼은 동화 속의 환상이 아닌 현실이다. 결혼은 서로 다른 사람이 만나 조화를 이루어 가는 종합예술이다. 기쁨과 행복이 있는가 하면 갈등이 있고 아픔도 있다. 낭만의 열차만 타고 가는 것이 아니다. 현실을 살아가면서 때로는 사소한 이유 때문에 엉키고 부딪치기도 한다.

새 신발을 신어도 물집이 생기고 생채기가 난다. 하물며 전혀 다른 두 사람이 만나 한 가정을 이루는 데 아픔과 갈등이 없을 수 있을까. 같이 사는 기쁨이 있다면, 동시에 같이 사는 고통과 괴로움도 있기 마련이다. 고통과 아픔이 없다면 즐거움도 느낄 수 없는 것이다. 그래서 부부를 동고동락(同苦同樂), 괴로움도 즐거움도 함께하는 '반려'라고 한다.

부부는 동화 속의 공주와 왕자가 아니다. 현실을 살아가는 삶의 현장이다. 나는 왕자가 될 준비를 못하면서 상대가 공주이기를 바라니 문제이다.

결혼은 현실이다, 환상에서 벗어나라!

환상 커플이
환장 커플로

셰익스피어는 젊은이들의 사랑을 그린 희극 《한여름 밤의 꿈》에서 '사랑의 꽃즙'을 등장시킨다. 잠든 사이 눈꺼풀에 이 꽃즙을 살짝 발라 두기만 하면 잠에서 깨어나 맨 처음 본 상대에게 열렬한 사랑을 느끼게 된다. 이 꽃즙 때문에 요정 나라의 아름다운 왕비는 흉측한 당나귀 탈을 쓴 어릿광대와 사랑에 빠진다.

한편 그리스 신화에서는 에로스의 화살에 맞을 때 사랑이 시작된다고 한다. 에로스는 영원히 자라지 않는 아기 모습을 한 채 작은 활을 가지고 다니며 아무 때나 사랑의 화살을 펑펑 날린다. 에로스가 겨우 장난으로 쏘아 대는 화살에 맞아, 사람들은 목숨을 건 끔찍한 사랑에 빠진다.

남녀가 열렬한 사랑에 빠지는 데는 이렇게 마법과도 같은 특별한 힘이 필요하다. 한마디로 말해서 'feel'이 꽂혀야 한다. 'feel'을 우리말로 옮기면 어떻게 될까? '느낌' 혹은 '감정'이라고 해야겠지만, 그보다 더 정확한 말이 있다. 바로 '콩깍지'다. 눈에 콩깍지가 끼어야 사랑이 시작된다. 콩깍지가 곧 마법의 꽃즙이요, 에로스의 화살인 것이다.

그런데 이 '콩깍지 이론'은 과학적으로도 증명이 되었다. 사랑에 빠진 사람들에게는 특별한 호르몬이 생성된다. 이 호르몬은 마약과 같아서 합리적인 이성을 마비시킨다. 호르몬이 지속되는 기간은 3년 정도인데, 그 기간에는 마법에 걸린 것처럼 상대를 객관적으로 평가하는 일이 불가능하다. 콩깍지 낀 눈에는 애인이 백마 탄 왕자요 신데렐라로 보이는 것이다. 이리하여 '환상(에 빠진) 커플'이 생겨난다.

진실이 가려지긴 하지만 콩깍지가 없었다면 인류는 벌써 멸종했을지 모른다. 어느 누가 말짱한 정신과 합리적인 이성을 지닌 채 사랑에 빠질 수 있단 말인가? 문제는 이 콩깍지가 벗겨지는 날이 반드시 온다는 데 있다.

내가 아는 어떤 분은 입술 바로 아래 누가 봐도 뚜렷이 알아볼 만큼 커다란 점이 있다. 그런데 결혼하고 8년이나 지난 뒤에야 남편이 깜짝 놀라더니 이렇게 묻더란다.

"여보, 그 점 언제 생긴 거야? 오늘 처음 봤네."

"……?"

밤 12시를 알리는 종이 치면 마법이 풀리고 신데렐라의 마차는 늙은 호박으로 되돌아온다. 호르몬의 생성이 중단되고 사랑의 유통기한도 끝이 난다. 그와 동시에 상대의 결점이 눈에 띄기 시작한다. 치약을 중간부터 눌러 짜서, 양말을 뒤집어 벗어 놓아서, 밥 먹을 때 쩝쩝 소리를 내서, 코를 골아서, 이를 갈아서 비위가 거슬리고 싫증이 난다. 콩깍지가 벗겨지고 보니 하나부터 열까지 마음에 맞는 게 없다.

'저 사람이 내가 사랑한 사람이 맞나?'

'아이고, 도끼로 내 발등을 찍었지.'

이렇게 해서 '환상 커플'은 '환장(할) 커플'이 되고 그때부터 전쟁이 시작된다. 그렇다고 '싫증 나면 바꾸고 싶은 것이 남편과 가구'라는 말처럼 3년에 한 번씩 배우자를 갈아 치우며 살면 괜찮아질까? 여덟 번이나 결혼한 엘리자베스 테일러의 삶을 보면 그것도 정답은 아닌 것 같다.

어렸을 때 읽은 동화 가운데 〈파랑새〉 이야기가 있다. 파랑새를 찾아 먼 곳을 헤매 다니다가 집에 돌아와 보니 파랑새는 집 안의 새장에 있더라는 이야기다. 소중한 것일수록 가까이 있다.

진짜 '환상 커플'이란 죽을 때까지 콩깍지가 벗겨지지 않는 부부를 말하는 게 아니다. 콩깍지가 벗겨진 다음에도 결혼이라는 고된 현실을 열심히 살아 낼 때, 오히려 진짜 '환상 커플'이 탄생한다. 상대의 허물까지 모두 껴안을 수 있는 진짜 사랑은 오히려 사랑의 마법이 풀리는 바로 그 순간부터 시작된다. 진정한 사랑이란 낭만기의 열정적인 사랑이 아니라 수많은 질곡과 권태를 겪으면서 나오는 사랑이다.

그러므로 행복해지기 위해 바꾸어야 할 것은 배우자가 아니다. 바꾸어야 할 것은 바로 나 자신이다. 잔소리해서 배우자를 바꿀 수 없다. 그러나 배우자를 바꾸는 확실한 방법은 있다. 배우자를 바꾸겠다는 내 생각을 바꾸는 것, 그리하여 배우자를 있는 그대로 수용하는 것이다.

기억하자. 콩깍지가 벗겨지면 '환상 커플은 환장 커플로, 환장 커플은 환상 커플로' 완전히 회복될 수 있다는 사실을……

생일날 꽃값 주고
찍힌 남자

결혼의 환상이 깨지고 서로의 단점이 드러나면서 갈등이 시작된다. 대부분의 부부는 갈등이 생겨나면 사랑도 깨졌다고 생각한다. 그러나 부부 갈등은 '서로 사랑하지 않아서' 생기는 게 아니다. 아예 사랑하지 않는다면 갈등도 있을 리 없다. 그보다는 '사랑하는 방식'에 문제가 있어서 갈등이 생긴다. 즉, 상대가 원하는 방식이 아니라 내 방식대로 사랑하려 들기 때문이다.

여자들은 결혼기념일이나 생일을 의미 있게 생각한다. 그냥 지나쳐 버리면 인생 전체가 배반당한 듯한 서운함을 느끼기도 한다. 이날을 제대로 챙기지 않았다가는 무심한 남자로 찍히고 만다. 평소에 아무리 잘해도 면죄부를 받기 힘들다.

반면에 남자들은 각종 기념일에 큰 의미를 두지 않는다. 결혼기념일이나 생일도 1년 365일 중 다른 날과 똑같다. 오히려 조금은 거추장스럽기도 해서 여느 날처럼 그냥 지나가기를 바라기도 한다. 기념일 챙기는 것도 의무 방어전을 치르는 기분으로 한다. 아내에게 찍히지 않기 위해 등 떠밀려 하는 것이다.

그렇다고 여자들이 거창한 이벤트나 선물을 원하는 것은 아니다. 여자들은 조그만 선물 하나에도 곧잘 감동한다. 남편이 갑자기 사 들고 온 장미꽃 몇 송이에 온 마음으로 감격한다. 반면 꽃다발 받았다고 좋아하는 남자들은 거의 없다. 꽃다발 같은 것에 큰 의미를 두지도 않을 뿐더러 꽃다발 들고 거리를 활보하는 남자들을 색안경을 끼고 바라보기도 한다.

'여자 꽁무니나 졸졸 쫓아다니는 한심한 남자겠지.'

내 아내도 생일에 장미꽃을 받고 싶어 했다. 한 달 전부터 "장미꽃, 장미꽃" 노래를 불렀다.

"11월 8일이 내 생일인 거 알지? 나 장미꽃 받고 싶어!"

드디어 아내의 생일, 11월 8일이 되었다. 아내는 출근하는 나에게 다시 한번 말했다.

"여보, 오늘 내 생일이야. 이따 퇴근할 때 장미꽃 사 와야 해."

나는 고개를 끄덕이고 집을 나섰다가 이내 되돌아갔다. 그러고는 지갑에서 2만 원을 꺼내 아내에게 건네며 말했다.

"생일 축하해. 그런데 장미꽃은 이 돈으로 당신이 좀 사."

좋아할 것이라고 기대했던 아내의 표정이 차갑게 일그러졌다.

나는 찜찜한 마음이 들었지만 그대로 출근했다. 그날 밤 우리 집 분위기가 어땠을지는 새삼 말할 필요도 없을 것이다.

물론 나는 나대로 억울하기 짝이 없었다. 돈 잃고 사람 잃고 욕만 바가지로 얻어먹었으니 말이다. 차라리 돈이나 주지 말걸……. 돈을 준 것은 사고 중에서도 대형 사고를 친 것이었다. 나는 이렇게 꽃값을 주고도 아내에게 찍히고 말았다.

무엇이 문제였을까? 아내가 원한 것은 장미꽃이었다. 그저 꽃이 아니라 꽃에 담긴 남편의 사랑과 관심을 원했다. 그러나 나는 아내가 원하는 것을 제대로 이해하지 못한 미숙한 남편이었다. 그렇다고 내가 아내를 사랑하지 않는 것도 아니었다. 다만 '사랑하는 방식'에 문제가 있었던 것이다.

상대가 진정으로 원하는 게 무엇인지는 관심도 없고 알려고 하지도 않고, '무조건 내 방식대로 사랑하기!' 이것이 부부 사이를 엉키고 꼬이게 만든다. 그래서 결국은 사랑하면서도 사랑에 실패하고 결혼하고서도 헤어짐에 이르게 된다.

참된 사랑이란 '내가 원하는 대로'가 아니라 '상대가 원하는 대로' 행하는 것이다. 사랑이 있고 없고(有無)가 중요한 것이 아니라 사랑의 방식이 중요하다. 이것을 모른다면 부부는 영원히 서로 엇갈릴 수밖에 없다.

신혼 초에
잡아야지

"여자와 남자의 입맞춤은 사랑의 확인인 동시에 싸움의 시작이다."

키르케고르의 말처럼 사랑의 열정이 식기 시작하면 곧 싸움이 시작된다. 이에 대비해서 신혼 초부터 배우자를 단단히 잡겠다고 벼르는 사람들도 있다. 평생을 '내 방식대로 사랑하기' 위해 처음부터 길을 잘 들여 놓겠다는 것이다. 이때 결혼 전에 주위 사람들로부터 들은 부추김도 장단을 맞춰 준다.

"신혼 때 마누라를 확 잡아야 해. 그래야 편해."

"남편에게 절대 굴복하지 마라. 남편은 길들이기 나름이야."

그래서 '신혼'은 한쪽은 '신'나고 한쪽은 '혼'나는 것이라던가? 나 역시 그랬다. 결혼에 대해 제대로 된 교육을 받은 적이 없었다. 결혼 전에 내가 주변으로부터 얻어들은 정보라곤 '신혼 초에 잡아야 편하다' '처갓집과 뒷간은 멀어야 한다' '여자와 북어는 사흘에 한 번씩 두들겨야 한다' 같은 왜곡된 것들뿐이었다.

이런 영향으로 신혼 초의 부부 싸움은 대개 주도권 장악을 위한 파워 게임이 된다. 어떻게 하면 상대를 확 휘어잡아서 내 입맛에 맞게 길들일까 전전긍긍한다. 한마디로 내 몸 하나 편하자고 배우자를 리모델링하고 배우자의 인생을 맞춤복 인생으로 만들려는 것이다.

그러나 결혼은 서로 '다른' 두 사람의 만남이다. 살아온 환경이 다르고 성격과 습관이 다르고, 무엇보다 성이 다르다. 갈등이 있는 것은 당연하다. 갈등은 살아 있다는 증거이자 서로 사랑한다는 증거이다. 갈등이 있다고 사랑하지 않는 것이 아니며, 사랑한다고 갈등이 없는 것도 아니다.

어떻게 대처하느냐에 따라 갈등은 행복의 장애물이 아니라 전환점이 될 수 있다. "비 온 뒤 땅 굳는다"라는 속담처럼 갈등에 슬기롭게 대처한 부부는 더욱 깊고 든든한 관계로 맺어진다.

그러나 부부간의 파워 게임은 도리어 갈등을 악화시킬 뿐이다. 배우자를 휘어잡겠다니, 도대체 무엇으로 어떻게 휘어잡겠다는 것일까? 말로, 완력으로 잡겠다는 것일까? 아내가 혹은 남편이 휘어잡는다고 잡힐 존재일까?

어떤 사람이 신혼 초에 배우자를 자신의 입맛대로 길들이기 위한 5개년 계획을 세웠다고 한다. 첫해에는 이런 점, 두 번째 해에는 저런 점, 세 번째 해에는 요런 점을 뜯어고쳐 보겠다고 마음먹고 계획을 세워 그에 따라 현란한 장·단기 전략까지 구사했다. 그 결과 파경 직전까지 가고 말았다.

이런 사람들은 대개 '부부가 서로 다름'을 인정하지 않는다. '내가 옳고 너는 그르다'란 생각에 빠져 배우자에게 자신의 가치관을 강요한다. 배우자의 약점을 수용하지 않고 기회를 틈타 크게 한 방 먹이려고 든다. 배우자가 무찔러야 할 적군인지, 함께 싸워야 할 동맹군인지 도무지 분간을 못 한다. 결국 부부간의 불신은 깊어지고 파경에 이르고 만다. 그러니 주위 사람들 말만 믿고 신혼 초에 주도권 잡으려다가는 인생 자체가 꼬일 수도 있다.

물론 신혼 초에 잡아야 할 것이 있기는 있다. 주도권이 아니라 배우자의 마음이다. 무엇으로 어떻게 잡을까? 힘이 아니라 사랑과 배려로, 관용과 이해로 잡아야 한다.

신혼은 일생에서 중요한 의미를 갖는 시기이다. 부부의 사랑이 환상을 벗어나 비로소 현실 속에 자리 잡아 갈 때, 배우자에게 보여 준 사랑과 이해는 삶의 위기를 이겨 내는 평생 자산이 된다. 그러므로 신혼 초에 잡으라는 말은 이렇게 바꾸어야 한다.

"신혼 초에 확 잡혀 줘. 그래야 평생 행복해."

결혼에도
면허증이 필요하다

결혼을 앞둔 젊은이들은 혼수를 장만하고 신혼여행을 준비하는 데 많은 시간을 할애한다.

"일생에 한 번밖에 없는 결혼식, 폼 나게 치러야지."

이런 심리에 편승해 예식업자들도 호화찬란한 결혼식을 부추긴다. 빚을 얻어서라도 남에게 뒤처지지 않는 결혼식을 해야 목에 힘이 들어간다. 그러나 그렇게 많은 돈을 써 가며 사치스럽게 준비한 결혼식은 단 30분 내지 1시간이면 끝이 난다.

화려한 결혼식이 행복한 가정을 보장해 준다면 얼마나 좋으랴. 그러나 현실은 그렇지가 못하다. 세계적으로 호화찬란했던 영국 다이애나 황태자비의 결혼식을 보라. 그 종말이 어떠했나? 호화찬란한 결혼식을 치르고도 걸핏하면 헤어지는 게 요즘 세상이다.

준비 없는 결혼이 문제이다. '결혼예식'(wedding)만 준비했지 '결혼생활'(marriage)을 준비하지 못한 것이다. 행복한 가정을 위해 준비해야 할 것은 결혼식이 아니라 결혼이다. 참된 결혼에는 물질적 혼수가 아니라 정신적인 혼수가 따라야 한다. 결혼의 원리와 올바른 결혼관 그리고 남녀의 차이, 대화의 기술과 갈등의 해결, 부부의 역할, 아름다운 성생활 등 서로 다른 두 사람이 하나 되어 평생 살아가는 지혜를 배워야 한다.

남녀가 만나서 사랑할 때는 많은 약속을 주고받는다. 사랑이 무르익어 결혼까지 한다. 그러나 막상 결혼하고 나서는 그런 약속이 물거품이 되는 경우가 많다.

특히 남자는 결혼 후에는 사뭇 달라진 태도를 보이기도 한다. 남자는 목표지향적인 존재여서 연애할 때는 여자의 마음을 사로잡기 위해 온갖 약속을 하며 최선을 다한다. 하늘의 별도 따다 주겠다고 약속한다. 그러나 결혼 전 남자의 약속은 믿을 것이 못 된다. 오로지 여자의 환심을 사려고 별의별 아이디어를 동원하기 때문이다. 나도 그랬다.

"당신 손은 어쩌면 이렇게 예쁠까? 진짜 귀부인 손이야. 결혼하면 손에 물 한 방울 안 묻히고 살게 해 줄게."

여자는 남자의 이런 약속에 귀가 솔깃해진다. 그래서 마음을 열고 결혼을 결정한다. 하지만 그건 다 헛소리이다. 남자는 자신의 목적을 이루고 나면 과거의 약속들을 잊어버린다. 잡은 고기에게 먹이 주겠느냐며 아내를 소홀히 대하기도 한다.

"완전히 사기 결혼을 당했어요. 남편의 태도가 어쩌면 이렇게 달라질 수 있나요? 내 남편이 이런 사람인 줄은 꿈에도 몰랐어요."

아내들은 달라진 남편의 태도를 두고 이렇게 하소연한다.

그런가 하면, 그동안 살아온 방식의 차이로 사사건건 충돌하기도 한다.

"제 남편은 날마다 양말을 뒤집어 놓아요. 신문을 보고 나면 아무 데나 던져 놓고, 세수만 해도 욕실이 온통 비눗물투성이랍니다. 도대체 왜 이러는지 모르겠어요. 가정교육을 제대로 받고 자란 건지 의심스러울 지경이에요."

이런 작은 생활 습관의 차이가 갈등의 원인이 된다. 지금까지 살아온 방식을 하루아침에 고치기는 힘들다. 그런데도 단번에 버릇을 싹 고쳐 놓겠다고 덤볐다가 상처만 입고 나가떨어진다.

이런 부부들은 어디서부터 갈등이 비롯되는지, 남자와 여자가 어떻게 다른지, 갈등을 어떻게 조정하고 어떻게 새로운 합의를 이끌어 내야 하는지, 도무지 아는 게 없다. 액셀러레이터 밟을 때와 브레이크 밟을 때를 분간하지 못하고 아무 때고 신호 위반을 한다.

그래서 결혼에도 면허증이 필요하다. 무면허 운전자들이 곳곳에서 충돌 사고를 일으키듯이 결혼 면허증이 없는 남편과 아내도 번번이 충돌 사고를 일으켜 상처를 주고받는다.

우리는 대학 입학 시험이나 취직 시험을 앞두고 얼마나 열심히 공부하는가? 직장에서 자기 개발이나 업무 개선을 위하여는 또 얼마나 많은 교육과 투자를 하고 있는가? 그런데 막상 인생에서 가장 중요한 결혼을 위해서는 왜 시간과 열정을 투자해 공부하지 않을까?

아파트 평수는 늘어나지만 가정은 안으로 병들어 가고, 결혼 비용은 늘어나지만 이혼율 역시 그만큼 높아지고 있다. 행복한 가정을 이루려면 결혼과 가정의 원리에 대해 충분한 지식을 갖추어야 한다. 막연한 환상과 기대에서 벗어나서 결혼을 현실로 받아들이고 갈등에 대처하는 지혜를 배워야만 한다.

결혼은 100점짜리와 100점짜리가 만나서 200점을 이루는 것이 아니다. 결혼은 부족하고 불완전한 사람들, 즉 20점짜리와 30점짜리가 서로 만나서 100~200점을 향해 나아가는 것이다. 그 과정이 행복의 길목이다. 행복은 자신의 부족함을 인지하고 받아들이며 그 안에서도 만족할 줄 아는 사람 속에 깃든다.

사람은 자기가 마음먹은 만큼 행복하다. 모두가 1등을 할 수는 없으나 모두가 행복하게 살 수는 있다. 어제까지는 바꿀 수 없지만 내일은 얼마든지 바꿀 수 있고 행복할 수 있다. 행복은 차고 넘치는 여건 속에서가 아니라 적당히 모자란 가운데 그 부족한 부분을 채우기 위해 노력하는 삶의 과정에 있기 때문이다. 그래서 둘이 한 몸이 되어 살아가는 지혜를 미리 배우고 익히는 철저한 예습이 필요하다.

정신적인 혼수, 이것은 무형의 자산이다. 결혼한 두 사람은 자신이 장만한 정신적인 혼수로 서로 기쁘고 행복하게 해 주어야 한다. 왕비처럼 호화로운 결혼식을 하면 뭐 하나? 준비 없는 결혼은 시행착오와 후회의 연속일 뿐이다. 그러나 결혼식이 소박해도 정신적 혼수를 풍성하게 장만한 사람들의 결혼은 진정 아름답다.

배우자에게서
채움 받기를 바라는 욕구 5가지

남편의 바람

1. 성적인 만족감

2. 취미 활동이나 관심에 동반자 되기

3. 쉴 수 있는 분위기

4. 외모 가꾸기

5. 칭찬, 인정, 존경

아내의 바람

1. 부드러운 보살핌(인정, 배려, 사랑, 관심, 이해)

2. 대화 상대 되기

3. 신뢰할 수 있는 기둥

4. 재정적 안정감

5. 가사에 동참

2장

당신과 나,
서로 다름을 인정하라

©Alexis Chloe/Unsplash.com

우리 부부는
맞는 게 없어!

많은 부부들이 서로 맞지 않는다고 생각한다. 당연한 일이다. 부부란 서로 다른 두 사람의 만남이기 때문이다. 성장 과정, 생활 습관, 가풍, 취향, 기실, 성격, 어느 것 하나도 같을 수가 없다. 그 가운데서도 가장 큰 차이는 한 사람은 남자고 한 사람은 여자라는 것이다.

"우리 부부는 하나부터 열까지 맞는 게 없어요."

상담하러 온 부부들이 이구동성으로 하는 말이다. 그런데 서로 맞지 않기로는 상담해 주는 우리 부부도 마찬가지다. 사람들은 둘이 함께 강연을 다니는 우리 부부가 갈등이라곤 아예 없는 찰떡궁합인 줄 안다. 그러나 아내와 나는 자라 온 환경이 달라서인지 작은 생활 습관부터 맞는 게 없다.

깡촌에서 자란 나는 아침 일찍 일어나는 종달새형이다. 촌에서는 일찍 일어나야 논에 나가 새도 쫓고 물꼬도 볼 수 있다. 어려서

부터 익혀 온 생활 습관은 나를 아침형 인간으로 만들었다. 반면 도시에서 자란 아내는 늦게 자고 늦게 일어나는 올빼미형이다.

일찍 일어나는 대신 나는 밤 10시만 되면 눈동자가 반쯤 풀려 비몽사몽 제정신이 아니다. 하지만 아내는 그때부터 반짝반짝 눈에 생기가 돈다. 내가 아무리 "그만 자자"고 졸라도 밤이 깊을수록 머리가 맑아진다며 늦게까지 일에 매달린다.

또 잠자리에 누워서도 베개에 머리가 닿자마자 잠에 빠져드는 나와 달리 아내는 쉽게 잠들지 못하는 편이다. 혼자서 온갖 상념을 다하고 시시콜콜한 이야기까지 풀어 내다가 "잠들었어?" 하며 자는 나를 툭툭 친다. 이러니 올빼미형과 살아야 하는 종달새형은 잠자는 것부터 피곤할 수밖에 없다.

우리 부부는 입맛도 달랐다. 아내는 서울에서 자라 입맛이 맑은 국과 담백한 음식에 길들어 있었다. 반면에 바다 가까운 곳에서 자란 나는 주로 짭조름한 젓갈과 얼큰한 음식을 먹으며 자랐다. 신혼 초에는 아내가 해 주는 음식이 싱겁고 밍밍해서 도무지 견디기가 힘들었다.

그뿐 아니다. 아내는 위로 조부모님을 모시고 아래로 동생 셋을 책임져야 하는 집의 맏이였다. 먹을 것이 생기면 먼저 조부모님 드실 것을 덜어 놓고 동생들 몫을 공평하게 나누느라 늘 남을 배려하고 챙기며 자랐다. 나는 대가족 5남매의 막내였다. 할머니와 어머니는 내가 먹을 것을 꼭 챙겨 주셨고, 잘 먹기만 하면 "아이구, 우리 막내 잘도 먹는구나" 칭찬받으며 자랐다. 다른 형제와 나누어 먹을 필요가 없었다. 한마디로 내 입만 입이요, 남의 입은 입이 아닌 줄 알고 컸다. 먹을 것이 귀했던 시절이니 막내인 내가 형제들과 나누어 먹으며 점잔 떨다간 아마 살아남지도 못했을 것이다.

이런 내가 결혼해서 아내를 잘 챙기고 배려했을 리 만무하다. 먹을 것이 생기면 내 입만 생각하는 못된 버릇은 자란 후에도 잘 고쳐지지 않았다. 신혼여행 때 귤 한 봉지를 사서 혼자 홀라당 까서 먹는 것을 보고 아내는 큰 상처를 입었다고 한다.

'뭐, 저렇게 이기적이고 인정머리 없는 사람이 다 있어? 내가 이런 사람을 믿고 평생을 살아야 하나?'

얼마나 한이 맺혔는지 아내는 강연 때마다 빠트리지 않고 이 이야기를 꺼낸다.

우리 부부는 체질도 기질도 다르다. 더위를 못 참는 나는 여름이면 어디를 가나 에어컨을 켜 놓고 산다. 그러나 아내는 선풍기나 에어컨의 찬 바람을 견디지 못해 자동차 안의 에어컨 구멍을 다 틀어막아 놓는다. 아침에 일어나면 나는 집 안의 문이란 문은 다 열고 다니고, 아내는 내 뒤를 쫓아다니며 열어 놓은 문을 다 닫는다. 그러면서 서로 이기적이라고 으르렁거리며 다툰다.

성격도 그렇다. 나는 외향적이고 아내는 내성적이다. 결혼 전에 아내는 결단력 있고 활달한 내 성격이 좋아 보였다고 한다. 그런데 막상 함께 살면서는 내 성격 때문에 상처를 많이 받았다. 성격이 급하고 다혈질인 나는 어쩌다 말다툼이라도 하게 되면 내 성질대로 마구 퍼부어 댄다. 물론 뒤끝도 없어서 퍼부을 대로 퍼붓고 나면 "끝!" 하고 혼자 잠들어 버린다. 그러면 아내는 그때부터 속을 끓이고 삭이고 한다.

'이 인간! 한바탕 퍼부어 놓고는 속 좋게 곯아떨어져? 그래, 저만 뒤끝이 없으면 다야?'

그래서 아내가 지금까지도 가장 싫어하는 사람이 '뒤끝 없는' 사람이란다.

신혼 초에는 이렇게 다른 두 사람이 과연 평생을 함께할 수 있을까 고민도 많이 했다. 서로 다른 환경에서 자라 온 남자와 여자가 하루아침에 조화를 이루는 것은 불가능했다. 환상은 깨지고 남은 것은 실망뿐이었다. 우리는 부부가 함께 살아간다는 것이 얼마나 힘든 일인지 온몸으로 깨달았다.

그러나 우리 부부는 그 파괴의 잿더미 위에 아름다운 가정을 일으켜 세웠다. 서로가 다른 존재임을 인정했기에 가능한 일이었다. '나와 다른 너' '너와 다른 나'를 그대로 받아들이고 존중하자고 마음먹으니 이해와 조화의 길이 열렸다.

남자들의 행복은 뱃속에 있다

흔히 여자는 사랑과 낭만을 먹고 사는 존재라고 한다. 여자들에게는 결혼생활에서 얻어지는 정서적인 만족이 매우 중요하다. 반면 남자들에게 정서나 낭만은 삶의 일부분에 불과하다.

우리 부부가 제주도로 신혼여행을 갔을 때 일이다. 택시를 타고 섬 구석구석을 구경 다니는데 가는 곳마다 풍경이 끝내주게 아름다웠다. 아름다운 풍경에 반한 내가 기사에게 물었다.

"기사님, 여기 땅값이 얼마나 해요?"

"한 평에 1~2원 정도 해요."

그때 내 수중에는 7만 원 정도가 있었다. 나는 신이 나서 아내에게 말했다.

"자기야, 우리 여기 땅 좀 사 놓고 가자."

그런데 아내는 그 말을 듣고 막 화를 냈다.

"뭐라고? 우리가 지금 여기 신혼여행을 왔지, 땅 사러 왔어?"

나는 아내가 화내는 이유를 이해할 수 없었다. 사업을 하고 싶었던 나는 땅을 사 놓으면, 나중에 공장을 지어도 좋고 그냥 두어도 절로 땅값이 오를 테니 결코 손해 보지는 않을 것 같았다. 그러나 아내는 그때 신혼여행의 낭만이 확 깨져 버렸다고 한다. 한 폭의 그림처럼 아름다운 풍경 속에서 가슴이 한껏 부풀어 있던 아내는 내 입에서 뭔가 근사한 말이 나오길 기대했다는 것이다.

"정말 아름다워. 우리 앞으로도 이런 멋진 여행을 자주 하면서 살자."

"여기 와서 보니 당신이 더 예쁜 것 같아. 평생 행복하게 해 줄게."

뭐, 이런 말을 기대하고 있던 터에 내려온 김에 땅이나 사 놓고 가자고 했으니, 아내가 실망할 만도 했다. 결국 땅을 사기는커녕 아내에게 낭만이라고는 손톱만큼도 없는 계산적인 인간으로 찍혀 버렸다. 물론 그 사이에 제주도 땅값이 몇만 배나 뛰었으니 지금쯤은 아내도 후회가 되긴 될 것이다. 그러나 이미 기차는 떠났다.

내가 아내의 낭만을 망쳐 놓은 일은 그때뿐이 아니었다. 언젠가 아내와 함께 교외로 드라이브를 다녀오다가 작은 식당에 들어간 일이 있었다. '봉주르'라는 이름으로 보아 양식이나 프랑스 음식을 파는 곳 같았는데 이름과는 달리 쌈밥을 파는 토속음식점이었다.

통유리창 밖으로 하얀 눈발이 드문드문 날리는 저녁이었다. 아래로는 북한강이 유유히 흘러가고 마당에는 모닥불이 환하게 타오르고 있었다. 때때로 긴 기적을 울리며 기차가 지나갔다. 분위기가 꽤 괜찮아서 장사도 잘될 것 같았다. 그런데 식당 안을 자세히 둘러보니 황토로 지은 건물이 어딘지 조금 허술해 보였다. 그래서 아내에게 불쑥 한마디 던졌다.

"그런데 이 집, 건축 허가는 받았을까?"

한창 분위기에 취해 있던 아내는 흥이 확 깨진 얼굴로 쏘아붙였다.

"아니, 이 집이 건축 허가를 받았는지 안 받았는지가 뭐 그렇게 중요해?"

"여기가 그린벨트 지역이거든."

"……?"

나는 번번이 아내의 아름다운 낭만을 깬다. 그러나 어쩌랴, 남자들은 아름다운 풍경이나 분위기보다 땅값이나 그린벨트 지역의 건축허가법에 더욱 관심이 쏠리는 것을.

비라도 우울하게 내리는 날, 분위기 좋은 찻집에 앉아 우수에 젖어 보고 싶은 게 여자라면, 비 때문에 발생한 현실적인 문제를 걱정하는 게 남자다.

'에이, 아침에 세차했는데……. 괜히 닦았네. 기상청은 어떻게 날씨 하나 제대로 못 맞혀.'

그러나 생각해 보라. 남자와 여자가 둘 다 낭만에만 빠져 있다면 현실 세계는 어떻게 굴러가겠는가? 그렇다고 둘 다 현실 문제를 붙잡고 전전긍긍한다면 삶의 아름다움과 여유는 어디에서 찾겠는가? 비 내리는 날마다 부부가 함께 찻집에 앉아 우수에 젖는다면 가정경제가 제대로 돌아가겠는가? 그렇다고 똑같이 기상청에 불평이나 하고 있다면 그 삶이 얼마나 메마르고 빠듯하겠는가? 남자와 여자가 서로 다르기에 멋진 조화를 이룰 수 있는 것 아닌가?

그런데도 이런 차이를 존중하지 않는 남자들은 이런 말을 입에 달고 산다.

"배가 불렀구먼. 대체 뭐가 불만이야? 뭐가 부족해?"

남자들에게는 낭만보다는 밥이 중요하다. 남자들은 정서적인 욕구보다는 생리적인 욕구를 충족하는 데 더 관심이 많다. 남자들은 집에 와서 따뜻한 밥 먹고 여우 같은 아내를 볼 수 있다면 그것으로 만족한다. 그래서 남자들의 행복은 뱃속에 있다고 한다.

그러나 여자들에게는 밥만큼이나 낭만도 중요하다. 낭만은 날마다 반복되는 기계적인 일상을 견디게 하는 영혼의 음식과 같다. 배가 고프더라도 정서가 충족되면 만족한다.

　남편들이여, 나와 다르다고 탓하지 말고 낭만을 아는 아내에게 감사하라. 그리고 배워라, 삶을 아름답게 만드는 비법을.

목표지향인가,
관계지향인가

　　　　남자들은 여자들과 달리 목표지향적으로 생각하고 행동하는 특성이 있다. 남자들의 이런 점을 잘 모르는 여자들은 결혼 후에 심한 배신감에 사로잡힌다.

"남편이 변했어요. 결혼한 지 얼마나 됐다고. 연애할 땐 저밖에 모르더니, 이젠 아예 관심 밖이라니까요."

　그러나 결코 변했거나 사랑이 식어서 그러는 것이 아니다. 목표지향적인 남자들은 이미 달성한 목표에는 더 이상 열정을 기울이지 않는다. 연애할 때는 결혼이 목표였기에 하루가 멀다고 꽃을 사다 바치고, 만난 지 백 일이네, 삼백 일이네 온갖 기념일을 챙기고, 선물 세례를 퍼부으면서 여자의 마음을 사로잡는 데 매달린다.

　하지만 결혼식장에 들어서는 순간 새로운 목표를 위해 머리를 굴리는 것이 남자들이다. 어서 빨리 승진해서 남보다 먼저 성공해야겠다는 목표를 달성하기 위해 남자들은 종종 아내를 잊어버린다. 관계지향적인 여자들의 입장에서는 이런 행위가 처음부터 의도된 사기요 변심으로밖에 보이지 않기에, 남자들은 종종 파렴치한 사기꾼 취급을 당한다.

반면 남자들 역시 여자들의 관계지향적 성향을 이해하지 못한다. 그중 하나가 화장실 문화이다. 남자들 세계에선 친구나 동료가 나란히 손잡고 화장실에 가는 경우가 거의 없다. 하지만 여자들은 여럿이 모여서 화장실에 가기를 좋아한다. 한 사람이 화장실에 가면 다들 주르르 따라서 간다. 심지어는 볼일을 볼 것도 아닌데 함께 가며 수다를 떤다. 관계를 소중히 여기는 여자들에게는 냄새나는 화장실도 친밀한 사교의 장소가 될 수 있다.

목표지향적인 남자들의 머릿속에는 모노트랙 칩이 내장되어 있다. 그래서 한 가지 생각밖에 할 줄 모른다. 한 가지 목표에 몸과 마음이 집중되면 주변의 일에는 완전히 깜깜해진다. 산과 들을 넘나들며 사냥감을 쫓던 시절부터 몸에 밴 습관이다. 그래서 거의 모든 남편들이 아내로부터 이런 핀잔을 듣는다.

"아침에 몇 번을 말했는데 어쩌면 그렇게 못 알아들어요? 사람 말을 왜 건성으로 들어요?"

여자들 입장에서는 뭐든 건성으로 듣는 남자들이 미덥지 못하다. 몇 번이나 다짐을 하고도 아예 잊어버리거나 나중에 딴소리하기 일쑤이다. 그런데 남자들은 아무리 생각해 봐도 들은 기억이 없다. 다시 물어 보면 식사할 때나 신문을 볼 때 분명히 이야기했다는 것이다.

남자들은 아침 식사를 하면서도 오늘 출근해서 할 일을 골똘히 생각한다. 이런 때는 음식이 짠지 싱거운지도 모르고 그저 입속에 쓸어 담을 뿐이다. 그러니 옆에서 아내가 하는 말이 들릴 리 없다. 신문을 보고 있을 때 옆에서 무슨 말을 하면 "응, 응" 대답도 한다. 그러나 머릿속으로는 전혀 접수가 안 된다.

아이를 기를 때도 그렇다. 아내들은 잠결에도 아이의 울음소리를 신기할 정도로 잘 듣는다. 그런데 남편들은 잠에 취하면 잠자는 일 한 가지밖에 모른다. 간밤에 아이가 잠을 안 자고 울어 댄 것도, 아내가 아이를 데리고 한바탕 전쟁을 치른 것도 알지 못한다. 아내들에게는 남편의 이런 무심함이 당연히 야속하게만 느껴진다.

이런 남자들과는 달리 여자들의 뇌에는 멀티트랙 칩이 내장되어 있다. 그래서 한꺼번에 두세 가지 일을 능숙하게 처리한다. 양치질을 하면서 신문을 정리하고, 텔레비전을 보면서 다림질을 한다. 심지어 아이가 울고, 찌개가 끓어 넘치고, 전화벨은 울리고, 시어머니가 불러 대는 상황 속에서도 여자들은 경이로울 만큼 그 모든 일을 잘 수습하고 해결해 나간다. 여자들이 한꺼번에 여러 가지 일을 해낼 수 있는 것은 여러 대상들을 상황에 맞게 조정하고 대처하는 관계지향적인 특성 덕분이다.

부부는 남녀 간의 이런 차이를 서로 보완하고 조화할 줄 알아야 한다. 한 가지 일에 정신이 팔리면 주변을 잘 챙기지 못하는 남편을 이해하고 보살피는 것이 아내 몫이라면, 낭만을 밥보다 중요하게 여기는 아내의 정서를 따뜻하게 채워 주는 것은 남편의 몫이다.

쇼핑의 목적

　　　　　부부가 서로 부딪치기 쉬운 일 가운데 하나가 쇼핑이다. 요즘 젊은이들은 많이 달라졌고 또 남자라고 해서 다 그런 것은 아니지만, 남자들은 쇼핑을 그다지 즐기지 않는다. 그래서인지 아내의 쇼핑에 따라나서는 일을 곤욕스럽게 생각하는 남자들도 적지 않다.

　신혼 초에 뭣도 모르고 아내의 쇼핑에 따라나선 일이 있다. 백화점에서 옷을 고르며 한참 동안 이 옷 저 옷 입어 보던 아내가 불쑥 다른 매장으로 가자고 한다. 나는 점원 보기가 민망해서 얼굴이 다 붉어졌지만 아내는 아무렇지도 않게 다른 매장으로 가서 이 옷 저 옷을 또 입어 본다. 옷을 입어 볼 때마다 내게 와서는 색깔이 어떠냐, 디자인이 어떠냐, 이것저것 따져 묻기에 "좋아, 괜찮아. 그거 사" 하면서 연신 고개를 끄덕여 주었다. 그런데 웬걸, 아내는 입었던 옷을 벗어 놓더니 또 다른 매장에 가자고 한다. 그러기를 세 번, 1시간 30분이 흘러갔다.

마침내 인내심이 한계에 이르러 나는 폭발하고 말았다.

"옷을 살 거야, 말 거야? 나 먼저 집에 갈 테니까, 뭘 사든지 당신 맘대로 해!"

이렇게 내뱉고 혼자 씩씩거리며 집으로 돌아와 버렸다. 그날 밤 우리는 한바탕 부부 싸움을 해야 했다. 여자들의 쇼핑 방식을 전혀 모른 채 아내를 따라나섰다가 화를 자초한 것이다. 그다음부터는 함께 쇼핑을 가면 아예 아내의 쇼핑이 끝날 때까지 혼자 아이스크림 가게에서 책을 읽으며 기다린다.

한번은 아내와 함께 미국에 있는 딸을 방문했다가 크리스마스 장식품 가게를 지나게 되었다. 내 눈에는 볼 것이 아무것도 없는데 아내와 딸은 보는 것마다 예쁘다고 탄성을 지르며 도무지 떠날 생각을 안 했다. 나는 아내와 딸이 구경을 끝낼 때까지 한구석에 놓인 벤치에 멍하니 앉아 기다릴 수밖에 없었다. 그런데 내가 앉았던 의자에 이런 글귀가 쓰여 있었다.

"Tired Husband's Bench(피곤한 남편들을 위한 의자)."

아내의 쇼핑을 따라다니며 피곤함을 느끼는 것은 미국 남자들도 마찬가지인 모양이다.

남편들이 아내와 함께 쇼핑하기를 싫어하는 것은 남자와 여자의 쇼핑 방식이 다르기 때문이다. 목표지향적인 남자들은 쇼핑하러 갈 때도 목표가 분명하다. 머릿속에 목적한 그림이 분명하므로 사냥감을 쫓듯 곧바로 돌진해서 필요한 물건을 산다. 사야 할 물건 이외의 다른 물건은 남자들에게 별 관심을 끌지 못한다.

반면 여자들은 같은 곳을 몇 번이나 빙빙 돌면서 마음에 드는 물건을 찾을 때까지 쇼핑한다. 이것도 입어 보고 저것도 걸쳐 보면서 머릿속으로 온갖 연출을 해 보는 것이다.

'이 옷을 입고 송년 파티에 갈까? 결혼식장 갈 때도 어울릴지 모르겠네.'

심지어 살 생각도 없는 물건을 오랫동안 들여다보고 만져 본다. 그렇게 시간과 품을 들여 훑어보면서 지치지도 않는다. 남자들이 보기에는 '인생 낭비'다.

내가 바지 하나를 사는 데는 딱 6분밖에 걸리지 않는다. 아내는 2시간을 쇼핑하고도 겨우 티셔츠 두어 개밖에 사지 못한다. 2~3시간이나 나를 끌고 다니고는 돌아올 때는 이런 핀잔까지 준다.

"당신 때문에 아무것도 못 샀어!"

남자들 입장에서 보면 완전 적반하장 격이다. 그렇게 힘들게 쇼핑을 해 놓고도 다음 날 마음에 안 든다며 반품까지 하는 것을 보면 '와, 정말 대단하다'라는 생각밖에 들지 않는다.

왜 이런 차이가 생길까? 목표지향적인 남자들과 달리 과정지향적인 여자들은 쇼핑 그 자체를 즐기기 때문이다. 그래서 남자들은 필요하다면 비싸도 사지만 여자들은 필요 없어도 싸면 산다. 남자들은 쇼핑하면서 스트레스를 받지만 여자들은 쇼핑하면서 스트레스를 푼다.

부부 사이에는 서로 다른 삶의 방식을 이해하고 존중하는 태도가 필요하다. 함께 쇼핑에 나섰을 때, 남자들은 아내가 쇼핑 그 자체를 충분히 즐길 수 있도록 기다리고 배려해야 한다. 여자들 역시 쇼핑하는 시간이 길어지면 길어질수록 남편의 스트레스 지수가 높아진다는 것을 알고 현명하게 행동해야 한다.

자존심과
사랑 사이의 거리

'남자는 자존심에 목숨 걸고 여자는 사랑에 목숨 거는 동물'이라고 한다. 그만큼 남자들에게는 긍지와 자존심이 중요하다. 남자들은 주로 '일'과 '아내'를 통해 자신의 가치를 확인한다. 직장에서 그리고 가정에서 자신의 유능함을 인정받는 것이 남자들에게는 목숨만큼 중요한 일이다.

반면 여자들에게는 사랑받고 있다는 느낌이 중요하다. 여자들은 다른 사람을 보살피고 세심하게 돌보려는 욕구를 가지고 있으면서, 동시에 보호받고 사랑받고 싶다는 욕구도 지니고 있다. 남편의 사랑과 관심은 아내에게 신경안정제와 같다.

어떤 인류학자는 "아내들은 사랑한다는 고백을 수백 번 들어도 결코 진력내지 않는 이상한 동물"이라고 말했다. 문제는 대부분의 한국 남자들이 사랑을 표현하는 데 서툴다는 것이다. 여기에다 부부간의 사랑 표현에 너그럽지 못한 우리 사회의 분위기도 한몫

한다.

"아내 자랑하는 놈은 팔불출이지."

"남자가 마누라 치마폭에 싸여 살면 쓰나?"

그래서인지 과묵하고 무뚝뚝한 것을 '남자다움'으로 착각하는가 하면, 과감한 사랑의 표현을 촐싹 맞고 민망스러운 행동으로 치부하기도 한다. 그 결과, 연애할 때는 다정하게 사랑을 속삭였던 남자들도 결혼만 하면 돌부처처럼 뻣뻣하고 밋밋해진다.

미국에서는 남편이 아내에게 하루 세 번 이상 사랑한다고 말하지 않으면 그것이 이혼 사유가 된다고 한다. 그러니 세 번은커녕 하루에 한 번, 심지어는 한 달에 한 번도 사랑한다고 말할 줄 모르는 남편들과 살아 주는 한국의 아내들은 얼마나 위대한가? 이제는 한국 남자들도 아내를 향한 사랑의 속삭임을 개발해야 한다.

"사랑해, 당신이 최고야!"

"여보, 당신밖에 없어."

이런 다정한 말 한마디, 모처럼 사 들고 온 장미꽃 한 다발이 아내를 감동시키고 행복하게 만든다.

한편 자존심이 목숨만큼 중요한 남자들은 자신의 약점이나 실패를 들키고 싶어 하지 않는다. 직장에서 무능한 사람으로 찍혀 상사에게 눌리고 후배에게 치받쳐도 집에 와서는 큰소리를 치고 싶은 게 남자들의 심리다.

아내 지향적인 남자들에게 아내의 평가는 무엇보다 큰 영향력을 갖는다. 아내의 존경과 지지는 생명처럼 소중하며, 경멸이나 무시 역시 그만큼 치명적인 독으로 작용한다.

"당신은 남자가 뭐 그래? 어떻게 제대로 하는 게 하나도 없어?"

"그동안 당신이 가장 노릇 한 게 뭐가 있는데?"

남자들은 아내로부터 무시를 당하거나 인정받지 못하면 굉장한 스트레스를 받는다. 바깥에 나가서도 주눅이 들고 자신감이 없으며 당당하지 못하다. 스트레스 때문에 성적인 능력이 떨어져서 성관계도 힘들어진다. 심지어 살고 싶다는 의욕 자체를 잃게 되기도 한다.

그러므로 지혜로운 아내의 첫 번째 덕목은 남편의 자존심을 세워 주는 것이다. 가정에서 아내로부터 인정받는 남자는 밖에 나가서도 당당하다. 절로 어깨가 펴지고 목소리에 힘이 들어간다. 아내의 존경과 지지는 남자들에게는 자양강장제와 같다. 남편을 향한 아내의 존경과 지지는 돈 안 드는 보약이다.

잡종 강세

　부부는 남자와 여자라는 점 말고도 서로 참 많이 다른 사람끼리 짝이 되는 경우가 많다. 같은 극끼리는 밀쳐 내고 다른 극끼리는 달라붙는 자석처럼, 볼록한 놈과 오목한 놈이 한 쌍인 퍼즐 조각처럼, 신기할 만큼 반대되는 성향끼리 만난다.
　활달하고 적극적인 사람은 조용하고 차분한 사람과, 섬세하고 꼼꼼한 사람은 호탕하고 털털한 사람과 만나서 산다. 또 여성적인 기질을 지닌 남자는 남성적 기질을 지닌 씩씩한 여자와 부부가 된다.
　우리는 자신에게 없는 면을 지닌 색다른 상대에게 이끌려서 사랑하고 결혼한다. 그래 놓고는 서로 맞는 게 없다고 불평한다. 비슷한 사람끼리 만나서 살면 부부 사이에 갈등도 없고 전쟁도 없을 텐데 왜 늘 상반된 상대에게 매력을 느끼는 것일까? 여기에는 놀라운 생물학적 비밀이 숨겨져 있다.

비슷한 유전자끼리의 결합은 열등한 후손을 탄생시킨다. 중국 계림 지역의 소수민족 중 하나인 걸노족은 점점 숫자가 줄어 지금은 극소수만 남았다. 바로 근친결혼 풍습 때문이다. 근친결혼으로 태어나는 아이들 가운데는 지능이 낮거나 선천적으로 불치병과 장애를 지닌 아이들이 유난히 많다고 한다.

유전자에 대한 지식이 없었던 원시 시대에도 씨족 내 결혼을 금하던 풍습이 있었다. 본능적으로 근친결혼의 문제점을 알고 있었던 셈이다. 근친 결합을 피하려는 본능은 식물 세계에도 존재한다. 이동이 불가능한 식물들은 자가 수정을 피하는 여러 장치들을 개발해 내기도 한다.

우리가 반대되는 성향의 상대에게 끌리는 것은 이런 생물학적 원리 때문이다. 자연은 다양성을 확보하고 더욱 우수한 개체를 생성해 전체적인 조화를 이루고자 서로 다른 짝을 선택하게 한다.

사회적으로 보아도 그렇다. 다양한 사람들이 어울려 사는 사회일수록 조화롭고 건강하다. 만약 한 사회에 비슷한 사람들만 있다면 얼마나 재미가 없겠는가? 활달하고 외향적인 사람들만 모여 사는 세상에서는 도로마다 자동차가 넘쳐 나 극심한 교통 체증에 시달릴 것이다. 반대로 차분하고 내향적인 사람들만 모여 사는 세상은 늘 침묵과 고요 속에 잠겨 있을 것이다.

사람마다 다른 고유한 개성을 존중받으며 사는 열린 사회는 활력이 있고 아름답다. 부부도 마찬가지다. 서로 다른 부부에게서 다양한 개성과 능력을 갖춘 자식들이 태어나고 번성한다. 이른바 '잡종 강세 이론'이다. 서로 다른 부부의 만남은 곧 전 인류적인 차원에서도 유익한 것이다. 그러므로 다른 것은 틀린 것이 아니다. 서로 다른 부부는 상대를 축복으로 여겨야 한다. 이처럼 다름을 인정할 때 비로소 배우자는 내 인생의 멋진 파트너가 된다.

우리 부부는 정말 맞는 게 없다고 생각하는가? 그것이야말로 찰떡궁합임을 알고 살라!

'좋은 부모' 체크 리스트 10

1. 자녀들에게 말이나 행동의 좋은 모델이다.
2. 자녀들과 함께 놀아 주거나 시간을 같이 보낸다.
3. 자녀들에게 소속감을 심어 주고 애정 표현을 한다.
4. 자녀들에게 올바른 가치관을 심어 준다.
5. 아이의 장·단점을 알고 자율성, 책임감을 길러 준다.
6. 자녀의 친한 친구 이름을 3~5명 이상 안다.
7. 자녀들의 이야기나 고민을 들어 준다.
8. 적절한 격려와 칭찬을 한다.
9. 취미 생활이나 학교 생활에 대해 알고 있다.
10. 자녀들에게 존경과 신뢰를 받고 있다.

※ 각 항 5점 만점으로 채점
  43점 이상: 훌륭한 부모
  35~42점: 그런대로 괜찮은 부모
  24~34점: 조금 반성해야 할 부모
  23점 이하: 심각히 반성하고 고쳐야 할 부모

3장

대화도
훈련이고 기술이다

©Mario Heller/Unsplash.com

어법이 다른 남녀

> 결혼이란 약혼 때부터 죽을 때까지의, 결코 지루하지 않은 긴 대화이다. ─앙드레 모루아
> 부부 생활은 길고 긴 대화와 같은 것이다. ─니체

프랑스 소설가 앙드레 모루아와 독일 사상가 니체의 말은 부부에게 대화가 얼마나 중요한 것인지를 새삼 일깨워 준다. 부부간의 대화는 두 사람을 이어 주는 아름답고 든든한 다리이며, 두 마음을 하나로 묶어 주는 황금 매듭이다.

그러나 실제 결혼생활에서는 어떨까? 많은 부부가 대화의 단절로 갈등을 겪고 있다. 통계에 의하면 미국 부부들의 평균 대화 시간은 하루 8분에 지나지 않는다. 함께 살을 비비고 살면서 하루에 1시간도 대화를 나누지 못하는 것이 요즘 부부들의 쓸쓸한 현실이다. 당연히 한국 부부의 대화 시간도 이보다 더 길지는 않을 것

이다.

시간도 시간이지만 더 중요한 것은 대화의 내용이다. 한국 부부의 대화에서는 프랑스나 미국의 부부에 비해 유난히 가십 거리, 다른 사람의 스캔들이 많은 부분을 차지한다. 어젯밤 아래층 부부가 대판 싸웠다더라, 친구 아들이 대학에 떨어졌다더라, 사돈의 팔촌의 마누라가 바람이 났다더라, 회사 김 대리가 주식에 손댔다가 빚더미에 앉았다더라……. 남의 집 이야기에 귀중한 대화 시간을 허비하는 것이다.

굳이 통계를 찾아보지 않더라도 한국의 부부들은 대화에 참 서툴다. 상담을 하다 보면 대화의 방법이나 기술을 전혀 모르는 부부가 의외로 많다. 몇 마디 나누다 보면 화부터 나서 대화가 안 된다는 부부들도 있다. 그래서 '대화'란 '대'놓고 '화'내는 것이란 우스갯소리가 있을 정도이다.

대화가 무엇이기에 이렇게 어려울까? 똑같이 이야기를 나누는 것이라도 우리는 시간을 죽이는 시시껄렁한 잡담을 대화라고 하지는 않는다. 진실한 대화란 서로 생각을 나누고, 마음을 나누고, 감정과 느낌을 나누고, 가치관을 나누는 것이다. 세상이라는 험난한 바다 위에서 가정이라는 작은 배를 안전하게 저어 가려면 둘을 하나로 묶어 주는 부부간의 진실한 대화가 반드시 필요하다.

대화가 없는 가정은 쓸쓸하고 고독하다. 한 지붕 아래 살지만 사실은 각자 독신으로 사는 것과 마찬가지다. 대화의 결핍은 결국 부부 갈등으로 이어진다. 거꾸로 부부 갈등이 대화의 단절을 불러오기도 한다. 그래서 갈등을 겪는 부부들이 한결같이 크게 외치는 소리가 있다.

"우리는 진짜 진짜, 말이 안 통해요!"

왜 이렇게 말이 통하지 않을까? 부부 사이에 대화가 잘 안 되는 가장 큰 이유는 한 사람은 남자이고 한 사람은 여자라는 데 있다. 대화를 하는 데 있어서 남자와 여자는 꼭 개와 고양이 같다.

개와 고양이가 한집에 산다. 고양이는 함께 사는 강아지가 마음에 든다. 그래서 앞발을 쳐들며 애정을 표현한다.

"야옹! 난 네가 참 좋아."

개도 고양이가 싫지 않다. 우아하고 유연한 몸놀림은 아무리 봐도 매력적이다. 개는 이빨을 드러내며 고양이에게 사랑을 고백한다.

"멍멍! 넌 너무 사랑스러워. 가까이 지내면 안 될까?"

그러나 둘의 사랑은 비극적으로 끝난다. 반가움을 표하며 '야옹' 하고 앞발을 들어 올리는 고양이의 행동을 개는 적의를 품은 것으로 받아들인다. 고양이 역시 개가 이를 드러내고 '멍멍' 짖는 것을 공격하려는 뜻으로 알아듣는다. 둘은 뒤엉켜 맹렬히 싸운 끝에 서로 상처만 입고 쓸쓸히 돌아선다.

개는 고양이의 언어를, 고양이는 개의 언어를 이해할 수 없다. 서로 어법이 다르기 때문이다. 같은 언어를 쓰는 것 같지만, 실은 남자와 여자도 개와 고양이만큼 다른 어법으로 말한다. 그러니 말이 통할 리가 없다. 기껏 좋은 뜻으로 말해도 상대에게 전달될 때는 왜곡되고 와전된다. 상대가 하는 말 역시 오해와 착각 속에서 원래의 뜻이 퇴색된다. 결국 개와 고양이처럼 사랑하면서도 싸우고야 마는 비극적인 만남이 된다.

그러므로 부부가 진실한 대화를 하고 싶다면 대화의 기술을 배우고 익혀야 한다. 남자는 여자의 어법을, 여자는 남자의 어법을 공부해야 한다. 사람들은 유창한 외국어 실력을 쌓기 위해서 많은 노력을 기울인다. 새벽 별을 보며 학원에 나가기도 하고, 잘 들리지도 않는 외국어 음원과 영상을 끈질기게 반복해서 보고 들으며 인내심을 발휘한다.

그러면서 왜 자신과 함께 사는 사람을 이해하려는 공부는 하지 않을까? 부부가 서로를 이해하기 위해 대화법을 배우는 것이 유창한 외국어 실력을 쌓는 것보다 몇십 배는 더 중요하지 않을까?

머리로 말하고,
가슴으로 듣고

남녀 간에 대화가 잘되지 않는 큰 이유 중 하나는 관심사가 서로 다르기 때문이다. 관심사가 다르다 보니 대화의 방식도 다르다. 남자들은 대화를 나눌 때 주로 머리를 쓴다. 논리적인 대화 과정을 중요하게 여기다 보니 느낌과 정서를 주고받는 데는 서툴다. 그래서 남자들은 지금 하는 이야기가 상대에게 어떤 느낌을 줄지, 혹시 기분을 상하게 하지는 않을지 잘 살피지 못한다.

반면 여자들은 가슴으로 대화하기를 좋아한다. 느낌과 정서를 중요하게 여기기 때문에 대화 중에도 상대의 표정이나 기분 변화를 세심하게 살핀다.

여기에 남녀 간 대화의 비극이 있다. 머리로 말하는 남자와 가슴으로 듣는 여자는 같은 대화 테이블에 앉아서도 서로 엉뚱한 부분만 더듬는다. 특히 상대의 감정을 잘 배려하지 못하는 남자들은 본의 아니게 상대에게 큰 상처를 안겨 주기도 한다. 가령 남편들은 아무 생각 없이 한창 다이어트 중인 아내에게 이런 말을 던진다.

"당신, 요즘 더 뚱뚱해졌더라. 다이어트 한다더니 오히려 살이 더 붙은 것 같아. 그러니까 안 먹어서 빼려고 하지 말고 꾸준히 운동을 하라고!"

남편은 특별한 악의 없이 객관적인 입장에서 사실을 이야기하고 제법 근사하다고 생각한 해결 방안까지 덧붙인다. 그러나 아내의 가슴은 남편의 한마디에 멍이 든다.

"당신 너무 무리하게 다이어트 하는 거 아냐? 몸 살펴 가면서 해. 당신은 좀 통통한 게 보기 좋더라."

설령 진짜로 살이 더 쪘다 하더라도 상대 기분을 살펴 가며 이렇게 말하는 놀라운 센스! 머리를 앞세우는 남자들에게는 이렇게 말해 주는 센스가 부족하다.

관심사가 다르므로 남자와 여자는 공통의 화제를 찾아내는 것부터 어려운 일이다. 서로 열렬히 사랑하는 사이일 때는 함께 있기만 해도 행복하니, 화제의 빈곤도 별문제가 되지 않는다. 그러나 결혼 후 열정이 식고 나면 관심사가 달라 대화가 통하지 않는 상황이 반복되는 데에 지겨움을 느낀다. 결국 대화를 포기하고 부부 사이는 멀어진다.

이혼 직전에 부부학교에 참석한 부부가 있었다. 아내는 무례하고 거친 남편의 태도에 엄청난 상처를 입고 있었고, 남편은 아내에 대한 불만이 폭발 직전까지 쌓여 있었다. 두 사람은 우리 부부 앞에서조차 심한 언쟁을 벌였다.

"당신은 남편에게 사랑받을 준비를 전혀 하지 않잖아. 당신과 대화를 하면 정말 짜증이 난다고. 뭐, 코스닥이 무슨 수입 통닭 이름이냐고? 무식하긴……."

남편은 '코스닥이 수입 통닭이냐?'라고 묻는 아내의 질문에 절망했다고 한다. 아무리 가정주부라고 해도 그렇지, 세상 돌아가는 일에 이렇게까지 무관심할 수 있단 말인가? 대체 집 안에 앉아 무슨 일을 하기에 신문 한 번 제대로 읽지 않는가? 이렇게 무식한 아내와 무슨 대화가 통하겠느냐며 남편은 냉담하게 덧붙였다.

"뭐? 수입 통닭? 코스닥은 황금알을 낳는 암탉이다. 아무리 집 안에 들어앉아 있다지만, 제발 공부 좀 해라, 공부 좀."

두 사람의 대화는 이미 시위를 떠난 화살이었다. 경멸과 비난의 언어가 두 사람의 입 밖으로 마구 쏟아져 나왔다. 나는 남편을 따로 불러 진지한 상담을 했다.

"당신의 부인이 자신을 전혀 가꾸지 않고 세상 물정을 모르는 것이 누구의 책임일까요? 부인 혼자만의 책임일까요? 아닙니다. 그건 남편인 당신의 책임이기도 합니다. 부인과 깊은 대화를 나누기 위해 얼마나 노력했나요? 관심사가 다르다고 해서 혹은 잘 모른다고 해서 무식하다고 윽박지르거나 경멸하지는 않았나요?"

두 사람이 마음을 열고 새롭게 다시 태어나기까지 무려 6개월의 교육과 상담이 필요했다.

많은 부부가 이들처럼 대화가 통하지 않는 원인을 상대방에게 전가한다. 나와 관심사가 다르다고 상대를 조소하고 경멸한다. 그러나 대화가 통하지 않는 것은 어느 한쪽만의 잘못이 아니다. 부부가 공통의 화제를 갖고 깊은 대화를 나누려면, 아는 것은 가르쳐 주고 모르는 것은 배우려는 두 사람 모두의 노력이 필요하다.

스포츠 경기에 광분하는 남편이나 드라마에 넋을 잃는 아내, 둘 중 어느 하나가 더 옳다거나 우월하다고 말할 수 없는 것 아닌가? 사랑하는 사람이 관심을 기울이는 일이라면 흔쾌히 지지하고 그 관심을 공유하기 위해 노력할 때 멋진 대화 파트너가 될 자격이 생긴다.

축소결론형과 확대진술형

　　　　　　부부 대화에 있어 남편들이 아내에게 갖는 불만은 '도대체 결론이 뭔지 모르겠다'라는 것이다. 반면 아내들은 이야기를 끝까지 들어 주지 않고 "결론이 뭐야? 결론만 말해"라고 다그치는 남편의 태도에 당혹감을 느낀다.
　"부부가 이야기 좀 하자는데, 무슨 토론장에 나왔어요? 결론이 왜 중요해요? 그냥 이 얘기 저 얘기 재미 삼아 나누는 거지요."
　아내들의 이런 항변을 남편들은 한마디로 일축한다.
　"아니, 요즘같이 바쁜 세상에 아무 결론도 없는 이야기를 뭐 하러 합니까?"
　이런 갈등 역시 남자와 여자의 표현 방식이 다르기 때문에 생겨난다. 남자들은 주로 '결론만 간단히' 이야기하는 축소결론형 어법을 사용한다. 만 가지 생각이나 느낌을 한 마디로 요약하는 재주를 타고났기 때문이다.

반면 여자들에게는 한 가지 생각이나 느낌을 만 마디로 표현할 수 있는 능력이 있다. 그래서 여자들은 확대진술형 어법으로 말한다. 남자들이 여자의 수다에 질리고 여자들이 남자들의 빈곤한 표현 능력에 진저리를 치는 것은 바로 이런 차이 때문이다. 물론 이런 차이는 기질이나 성향에 따라 정반대로 나타나기도 한다.

우리 부부의 강연을 혼자 듣고 돌아간 아내와 그 남편의 표현 방식을 예로 들어 보자. 가족들이 "오늘 강연 어땠어?" 하고 물으면 대부분의 아내들은 강연에 대해서만 이야기하지 않는다.

"글쎄, 내가 강연회에 가려고 저녁을 먹으려는데, 마땅히 먹을 게 없어서 라면을 하나 끓여 먹고서는 집을 나서다가 엘리베이터에서 505호 아줌마를 만났지 뭐야? 마침 그 아줌마도 강연을 듣고 싶다기에 함께 주차장으로 가서 자동차 시동을 걸려는데 배터리가 나갔는지 시동이 안 걸리는 바람에 보험회사에 전화를 걸어서……."

아내 말을 듣다 보면 강연장에 도착하기까지의 이야기를 듣는 것으로도 밤을 새워야 할 지경이다.

그럼 남편들은 어떨까? 모든 이야기를 한마디로 간단히 끝낸다.

"응, 좋았어."

아내들은 이런 썰렁하고 빈곤한 표현에 갈증을 느낀다. 그래서 이것저것 자세히 물을라치면 남편은 귀찮아하면서 짜증을 낸다.

"재미있었어?"

"재미없으면 여태까지 앉아 있었겠어?"

"몇 명이나 들으러 왔어?"

"내가 세어 봤어? 그걸 어떻게 알아?"

"무슨 얘기 했는데?"

"어제 말했잖아, 대화에 대한 강연이라고."

"여자들도 많이 왔어?"

이쯤 되면 남편들은 '아니, 이 사람이 지금 내 뒷조사를 하니?' 생각하며 슬슬 기분이 나빠지기 시작한다. 그러나 아내가 남편을 붙잡고 이런저런 질문을 퍼붓는 것은 결코 뒷조사를 하려는 것이 아니다. 아내들은 남편이 나가서 누구를 만났는지, 어디에 갔는지, 무엇을 먹었는지가 정말로 궁금할 뿐이다.

이것이 여자와 남자가 다른 점 중 하나이다. 목표지향적인 남자는 대화할 때도 목적이 분명한 편이다. 주로 정보를 얻고, 상대의 생각을 알고, 문제를 해결하고자 대화에 나선다. 당연히 대화의 핵심과 결론이 중요할 수밖에 없다.

이와는 달리 관계지향적인 여자는 대화 그 자체를 즐긴다. 대화하면서 친밀감과 정서적 안정감을 느끼고 일상의 스트레스를 푼다. 특별한 주제나 결론이 필요하지 않다. 남자들이 쓸데없는 수다라고 무시하는 여자들의 이런 대화에는 일종의 심리 치유 효과가 있다.

수다 아니면
무슨 낙으로

　　　　　대화 그 자체를 즐기기 때문에 여자들의 대화에는 끝이 없다. 거미 꽁무니에서 실을 뽑아내듯, 하늘을 두루마리 삼고 바다를 먹물 삼아도 끝이 나지 않는다. 실제로 여자는 남자보다 이야기를 3배 정도 많이 해야 정서적인 만족감을 느낀다고 한다. 도대체 여자들에게는 왜 이토록 많은 이야기가 필요한 걸까?

　이것을 이해하려면 이것 역시 원시 시대까지 거슬러 올라가야 한다. 남자들은 사냥을 하고 여자들은 둥지를 지키던 그 옛날부터 남자와 여자는 자신들의 능력을 다르게 발전시켜 왔다. 으슥한 길목에 숨어 사냥감을 기다려야 했던 남자들에게 말이 많은 것은 결코 미덕이 될 수 없었다. 말이 많다면 그 말소리에 짐승들이 다 도망가 버리고 사냥에 실패할 것이다.

　반면 둥지를 지키며 아이들을 길러야 했던 여자들에게는 많은 말이 필요했다. 아이들에게 삶의 경험을 전수하기 위해 많은 이야기를 들려주고 또 들려주었을 것이다. 오늘날에도 말이 없는 어머니보다 표현이 풍부한 어머니가 자녀 교육에 더 이상적이라는 연구가 있다. 그러므로 남자와 여자의 차이는 각자 다른 역할을 맡아 협력하며 살아온 조상들의 멋진 흔적이다.

연구 자료에 의하면, 남자가 하루에 쓸 수 있는 단어는 7천 개인데 여자는 2만 2천 개 정도를 쏟아 내야 생활이 편안하게 굴러간다고 한다. 회사에 다니든 자영업자이든 매일 출근을 한다면 괜찮겠지만, 그러지 않는 전업 주부라면 집 안에서 사용하는 단어가 얼마나 될까? 시장에 가고 아이들 돌보고 이웃과 이야기를 짧게 나누는 데 쓰이는 단어는 2~3천 개에 지나지 않는다. 아직 2만 단어가 남아 있는 아내들은 남편이 퇴근해 들어오는 순간을 애타게 기다릴 수밖에 없다. 딩동 초인종이 울리는 순간 버선발로 뛰어나가 남편을 맞이하는 아내들은 속으로 이렇게 외치는 것이다.

'여보, 온종일 무료했던 참에 마침 잘 왔어요. 어서 빨리 내 말 좀 들어 줘요.'

그러나 바깥에서 이미 7천 단어를 다 소진하고 돌아온 남편의 귀에 아내의 말이 들리지 않는다. 그런 남편을 붙들고 나머지 2만 단어를 속사포처럼 한꺼번에 쏟아 내니 대화가 원만하게 이루어질 리 없다.

남녀 간에 서로 다른 대화 방식을 잘 보여 주는 것이 전화 통화이다. 남자들은 통화를 할 때 대개 '용건만 간단히' 한다.

"오늘 점심 맛있게 먹었어요. 내일 만나서 차 한 잔 해요."

이러면 끝이다. 그러나 여자들은 특별한 용건이 없어도, 점심 먹고 차 마시자는 이야기만으로도 1~2시간을 통화하는 기막힌 재주를 가지고 있다.

아내가 통화하는 것을 옆에서 들으니, 30분을 통화하는데도 주제가 없다. 50분을 통화하면서는 경상도에 갔다가 전라도로 간다. 1시간 20분이 지나니까 미국으로 건너가 지구 한 바퀴를 돈다. 1시간 30분이 넘어서야 입이 아픈지 수화기를 놓으며 이렇게 말한다.

"자세한 건 만나서 얘기해."

통신공사에 다니는 후배 말이, 여자들이 없으면 세계 각국의 통신회사들이 도산 위기에 처할 것이란다. 어디 전화 통화뿐이랴. 여자들은 만나서 3시간을 수다 떨고도 헤어지면서 하는 인사말이 "집에 가서 전화해"이다. 아무리 대화 그 자체를 즐긴다고 해도 남자들로서는 이해가 잘 안 되는 부분이다.

그러나 입장을 바꾸어 생각하면 이해 못 할 것도 없다. 남편과 충분히 대화를 나누지 못하는 아내들에게는 하루 2만 단어가 고스란히 쌓인다. 열흘이면 20만 단어, 한 달이면 무려 60만 단어가 쌓인다. 이렇게 단어가 쌓여 있으니 기회가 생기면 폭포수처럼 쏟아져 나올 수밖에 없다.

만약 남편들이 아내의 말을 자상하게 다 들어 준다면 세상 여자들이 수다쟁이가 될 이유가 없다. 남편들이여, 여자들이 수다스러울 수밖에 없는 이유를 이해했다면 이제부터라도 아내의 말에 진심으로 귀를 기울이자. 들어 주고 공감해 주는 것으로도 충분하다.

해답보다 공감이 먼저

나는 운전면허 시험을 단번에 합격했다. 내 아내는 시험을 여섯 번이나 치르고서야 겨우 면허증을 딸 수 있었다. 아내가 자꾸 떨어지니까 은근히 신경이 쓰였다. 그래서 네 번째 시험을 보고 온 날은 집에 가자마자 어떻게 됐느냐고 물었다. 그런데 한참 이야기를 들어 봐도 떨어졌다는 건지 합격했다는 건지 알 수가 없었다. 간단히 결과만 이야기하면 될 걸 장황하게 설명을 늘어놓으니 도무지 감을 잡을 수가 없었다.

이야기를 더 들어 보니, 면허 시험관에게 불평을 늘어놓는 것이 떨어진 게 확실했다. 너무 까다로운 시험관이 걸렸다는 둥, 사람 신경을 살살 긁으며 약을 올리는 나쁜 사람이었다는 둥, 결국은 시험관 때문에 시험을 망쳤다는 이야기였다. 그러나 내 생각에 그 시험관은 자기 직무에 충실한 사람이었다. 생각해 보라. 아무한테나 면허증을 막 준다면 거리가 어떻게 되겠는가? 교통사고가 넘쳐 나지 않겠는가?

나는 한마디로 딱 잘라 말했다.

"시험관이 무슨 잘못이야, 당신 운전 실력이 부족해서 떨어진 거지! 학원에 등록해 줄 테니 연습을 더 해서 다시 시험 보라고."

그런데 이 말이 끝나자마자 돌발 사태가 벌어졌다. 아내가 갑자기 울고불고 하면서 나에게 마구 퍼부어 대기 시작한 것이다. 조금 전까지 면허 시험관이었던 적이 순식간에 나로 바뀌었다. 당혹스럽기 짝이 없었다. 세상에, 대학 입학 시험에 떨어져서 우는 사람은 봤어도 운전면허 시험에 떨어졌다고 우는 사람은 처음 보았다.

무엇이 문제였을까? 역시나 남자와 여자의 어법이 다른 것이 문제였다. 남자들은 대화를 나눌 때 상대방의 감정을 살피는 일보다는 해답부터 먼저 생각하는 편이다. 그래서 남자들은 문제해결 어법으로 말한다. 반면 여자들에게는 해답보다는 공감하는 일이 더 중요하다. 그래서 여자들은 감정공유어법을 쓴다.

그동안 열심히 연습했는데 네 번째 시험에서도 떨어졌으니 아내의 속이 얼마나 상했을까? 잔뜩 긴장한 아내에게 깐깐하고 냉담한 시험관의 태도는 또 얼마나 서운했을까? 아내는 남편인 내가 속상하고 서운한 마음을 따뜻하게 어루만져 주기를 바랐던 것이다. 그러나 남자들의 어법에 익숙한 나는 아내의 말을 끝까지 듣지도 않고 얼른 해답을 제시하고는 서둘러 상황을 종결하려고만 했다.

네 번째도 떨어졌으니 면허증을 따려면 다시 시험을 쳐야 한다는 것을 아내라고 몰랐겠는가? 아내에게 필요했던 것은 해결 방법이 아니라 남편의 따뜻한 위로였다.

"진짜 속상했겠구나. 그 시험관 정말 못됐네. 내 아내 좀 잘 봐 주지."

이렇게 말해 주는 센스! 역시 나도 센스가 부족했던 것이다.

그러면 남자들은 곧바로 이렇게 따지고 들 것이다.

"아니, 그런다고 면허증을 줍니까?"

물론 면허증을 주는 것은 아니다. 그러나 여자는 따뜻한 위로와 충분한 공감만으로도 쌓인 감정을 풀고 다시 도전할 새로운 힘을 얻고 또 얻는다.

남자들이 당혹스러워하는 일 가운데 하나가 아내가 아픔을 호소하는 것이다.

"여보, 나 오늘 하루 종일 머리가 아파서 혼났어."

"당신도 참, 집에 약 있는데 왜 안 먹고 아프다고 그래? 얼른 약부터 먹어."

이때 이런 해결책을 제시하는 남편은 아직도 여자의 어법을 충분히 파악하지 못한 남자다. 약을 먹으면 두통이 가라앉는다는 것을 아내라고 모르겠는가? 머리가 아프다는 호소는 자신의 힘든 상황을 알아 달라는 신호인 것이다.

아내의 아프다는 말은, 오늘 하루 아이들이 얼마나 말썽을 부렸는지, 어머니가 얼마나 스트레스를 주었는지 남편이 이해하고 공감해 주기를 바란다는 표시이다. 그런데 이런 신호를 알아채지 못하는 무감각한 남편들이 해결책이랍시고 고작 진통제 처방이나 내린다.

하지만 이렇게 말하면 남편들은 어리둥절해서 또 이렇게 불평할 것이 틀림없다.

"이해해 주고 공감해 주면 머리 아픈 게 낫는대요?"

그런데 신기하게도 남편의 이해와 공감은 아내의 두통을 낫게 한다. 결코 비과학적인 이야기가 아니다. 여자들은 대화를 통해 스트레스를 풀어내고 남편과의 친밀감을 확인하는 과정에서 정서적인 안정감을 느낀다. 그리고 이런 정서적인 안정감이야말로 자연 치유력을 가지고 있다.

그러므로 남편들이여! 운전면허 시험을 열 번을 보든 스무 번을 보든 상관 말고 아내의 마음을 어루만져 주려고 노력하라. 설령 비논리적인 말이라고 생각되더라도 들어 주고 지지해 주는 지혜를 발휘하라. 그러면 가정의 평화가 이루어질 것이다!

'구나구나'
어법의 기적

온종일 업무에 시달린 남편이 파김치가 되어 퇴근해 들어왔다. 아내 역시 개구쟁이 아이들에게 시달리느라 지칠 대로 지쳐 있다. 집 안은 난장판이고 막내 녀석은 뛰어놀다 다쳤는지 다리에 붕대를 감고 징징거린다. 가뜩이나 피곤했던 남편은 인상을 꽉 긋고 버럭 소리를 지른다.

"종일 집에서 애 하나 제대로 못 보고 뭐 했어? 집구석이라고 들어와도 어디 편히 쉴 수가 있어야지."

이러면 집 안 분위기는 단박에 싸늘해진다. 아내는 깊이 상처받고 대화는 단절된다. 이 부부의 '사랑의 가계부'에는 마이너스가 누적된다.

또 다른 상황. 남편은 회사 일이 잘 풀리지 않아 우울하고 답답하다. 이번에도 승진 순위에서 밀려나면 체면이 말이 아니다. 마음 같아서는 확 사표를 쓰고 개인 사업이라도 하고 싶지만 그게 말처럼 쉬운 일도 아니고, 회사에 계속 남아 있자니 자존심이 상하고, 이래저래 고민이 깊다. 따뜻한 위로가 그리워 아내에게 속마음을 털어놓을까 했는데, 퇴근하여 집에 들어가자마자 아내의 입에서 이런 말이 튀어나온다.

"이번에도 승진 못 할 것 같아? 당신 너무 무능한 거 아니야? 그 때문에 표정이 그렇게 썩었어? 무슨 남자가 이렇게 소심해? 아직 결정되지도 않은 일 가지고."

이러면 남편은 더 이상 아내를 마주하고 싶지 않고 대화도 하고 싶지 않을 것이다. 아내가 남편의 마음을 조금만 더 헤아려 주려고 애쓴다면 어떨까? 상황은 완전히 달라질 것이다.

"당신, 그동안 많이 힘들었겠구나. 우리 식구 먹여 살리느라 당신 마음고생이 이만저만이 아니네. 내가 뭘 도와줄까?"

남편은 아내의 따뜻한 마음에 더욱 깊은 대화를 이어 갈 수 있고 둘 사이의 신뢰와 사랑 역시 그만큼 깊어질 것이다. 앞 사례의 남편 역시 마찬가지다. 퇴근하고 집에 도착했을 때 이렇게 말했다면 어땠을까?

"당신 오늘 무척 힘들었겠구나. 오늘도 아이들이 말썽깨나 부렸나 봐. 아이들 때문에 많이 지쳤지? 내가 도와줄 일이 있어?"

남편의 부드러운 말 한마디에 아내는 마음을 열고 힘들었던 일, 어려웠던 일을 털어놓을 수 있다. 남편 또한 화내거나 아내와 부딪히지 않고 대화를 통해 자신의 상황을 자연스럽게 알릴 수 있다.

"사실은 나도 오늘 무척 힘들었어. 우리, 오늘 저녁은 힘든 일 미뤄 두고 편안히 쉬자."

이런 부부에게 갈등과 대화의 단절이 있을 리 없다. 대화를 잘 이끌어 나가기 위해서는 내 마음도 열어야 하지만 상대의 마음을 여는 것도 중요하다. 상대의 마음을 여는 특효약은 뭐니 뭐니 해도 상대의 입장을 헤아려 주고 공감해 주는 마음 씀씀이다.

"그랬구나."

"정말 속상했겠구나."

"많이 힘들었겠구나."

이런 말로 마음을 어루만져 주면 아무리 쌀쌀맞게 마음을 닫았던 사람도 저절로 무장 해제가 된다. 따뜻한 햇살이 두꺼운 외투를 벗게 만들 듯 말이다.

상대에게 철저히 공감해 주는 이런 대화법이 '구나구나 어법' 이다. 전문적 용어로는 '반영적 경청법'이라고 한다. 우리 부부는 강연을 나갈 때마다 대화의 기술로서 늘 '구나구나 어법'과 '나 전달법'을 강조한다.

한번은 길을 가는데 건너편에서 낯선 사람이 반갑게 다가와 인사를 했다. 그러더니 대뜸 이렇게 자랑을 했다.

"그 '구나구나 어법' 있잖아요. 효과가 정말 대단하더라고요. 강연을 듣고 나서 1년 동안 꾸준히 실천했는데, 정말 우리 부부 싸움을 옛날의 반의 반도 안 해요."

이런 이야기를 들을 때마다 '구나구나 어법'은 정말 좋은 것이라는 생각이 든다. 나와 아내 역시 이 어법을 실천하고 있다. 상대의 말을 들을 때마다 습관적으로 "그랬구나" "그랬었구나" 하다 보면 어느 날은 마주 보고 웃음을 터뜨리기도 한다.

대화란 기술이고 훈련이다. 많은 부부들이 서로 마음을 열어 주고 이어 주는 이렇게 좋은 방법이 있어도 몰라서 실천하지 못하고 갈등을 겪는다. '구나구나 어법'과 '나 전달법'만 꾸준히 실천해도 부부 갈등의 대부분이 해소되리라고 장담한다.

일인칭 어법으로
말하기

　　　　오랜만에 남편과 바깥에서 만나기로 약속한 아내. 서둔다고 서둘렀는데도 차가 밀리는 바람에 약속 시간에 늦고 말았다. 아내는 마음을 졸이며 헐레벌떡 약속 장소로 달려갔다. 그런데 남편은 아내를 보자마자 무턱대고 핀잔부터 준다.

"당신, 왜 이렇게 늦었어? 좀 빨리빨리 움직이면 안 돼? 도대체 시계는 뭐 하러 차고 다니는 거야?"

안 그래도 미안하던 아내의 마음은 잔뜩 움츠러든다. 그러면서 자신도 모르게 서운한 생각이 든다.

'흥, 자기는 늦은 적 없나? 차가 이렇게 밀릴 줄 알았어야지.'

만약 이 상황에서 남편이 '일인칭 어법'을 사용했다면 이야기는 많이 달라졌을 것이다.

"당신이 늦어서 내가 걱정을 많이 했어. 퇴근 시간이라 차가 많이 밀렸지?"

분위기는 한결 부드러워지고 아내는 자신을 걱정해 준 남편에게 고마움을 느낄 것이다. 그리고 다음부터는 약속 시간에 늦지 않도록 더 주의를 기울여야겠다고 마음속으로 다짐할 것이다.

어떤 차이가 있을까? 앞 상황에서 남편은 '이인칭 어법'을 사용해서 말했다. 이인칭 어법이란 '당신', '너'가 주어가 되는 어법이다. 이런 어법은 자연스럽게 상대를 공격하거나 비난하는 내용으로 이어진다.

"당신이 틀렸어."

"네가 그랬잖아."

이인칭 어법은 문제의 원인을 상대에게 전가시킨다. 두 사람의 심정보다는 문제의 원인에 관심을 집중시킨다. 그러다 보면 부부는 마음의 상처는 아랑곳하지 않고 누가 옳고 누가 그른가를 따지는 소모적인 싸움에 빠져들게 된다. 결국 둘 사이의 감정이 격앙되고 부부 갈등은 더욱 악화된다.

반면 '일인칭 어법'은 '나'를 주어로 하는 어법으로, 주로 내 감정이나 생각을 전달하고 이해를 구하는 어법이다. 그래서 '나 전달법'이라고도 한다.

"당신이 늦으니 몹시 걱정이 되더군."

"네가 그렇게 말해서 나는 몹시 서운했어."

'나 전달법'은 문제의 원인보다 두 사람의 감정 상태에 관심을 기울이게 한다. 누가 옳고 누가 그른가를 따지기보다 내 감정을 전달하는 데 강조점이 놓이기 때문에, 대화를 통해 상대를 이해하고 갈등을 해소할 수 있는 생산적인 어법이다.

두 번째 상황에서는 남편이 이러한 '나 전달법'을 적절히 사용했기 때문에 아내는 자신을 걱정해 준 남편에게 고마움을 느끼고 다음부터는 늦지 말아야겠다는 다짐을 할 수 있었던 것이다.

남북통일과 세계 평화가 걸린 일도 아닌데, 부부간에 목숨 걸고 잘잘못을 가릴 일이 뭐가 있겠는가? '나 전달법'으로 상대의 마음에 부드럽게 호소하는 지혜를 배우자.

길거리 대화와
침실 대화

부부 교육을 통해 대화의 중요성을 깨달았더라도 실전에서 부딪치는 문제가 있다. 대화를 하긴 해야겠는데 막상 어떤 말을 해야 할지 모르겠다는 것이다. 그래서 고작 하는 말들이 이렇다.

"밥은 먹었어?"

"강아지 밥은?"

"화분에 물은?"

그러나 이런 것은 대화라고 할 수 없다. 이런 것은 그냥 업무 보고나 마찬가지다. 업무 보고도 중요하겠지만 부부간에는 마음을 나누는 대화가 있어야 한다. 마음을 나누는 대화가 바로 1등급 고품격 대화이다.

우리는 길거리에서 이웃집 아저씨를 만나면 "안녕하세요. 어디 가세요?" 하고 인사를 한다. 이때 그 아저씨가 안녕한지 그렇지 않은지가 정말로 궁금해서 물어 보는 것일까? 그 아저씨가 어디를 가는지가 중차대한 관심사일까? 아니다. 대개는 입에 붙은 의례적인 말에 불과하다. 이렇게 아무런 감정의 교류가 없는 길거리 대화를 5등급 대화라고 한다.

만약 좀 더 친한 사람을 만난다면 잠시 멈춰 서서 "오늘 날씨가 참 좋아요. 완전히 봄이네요" 같은 말을 덧붙인다. 혹은 "반가워요. 요즘 어떻게 지내요?" 하면서 상대방의 근황에 관심을 표하기도 한다. 단순한 사실 혹은 근황 등을 나누는 이런 대화는 4등급 대화에 속한다.

그런가 하면 정치 경제, 사회적인 이슈, 어떤 사건이나 대상에 대한 견해를 교환하는 3등급 대화가 있다. 더 가깝고 깊은 관계라면 여기에 더하여 자신의 감정까지 나누는 2등급 대화를 할 수 있을 것이다.

이렇게 누구와 어디에서 어떤 내용을 나누느냐에 따라 대화의 수준과 밀도가 결정된다. 길거리에서 나누는 대화와 현관에서 나누는 대화, 거실에서 나누는 대화에는 분명한 차이가 존재한다. 대부분의 사람들은 4등급이나 5등급의 상투적인 대화를 나누며 살아간다.

그러나 부부는 1등급의 고품격 대화를 나누어야 한다. 가장 솔직하고 인격적인 대화, 진심을 나누는 대화, 자신의 전 존재를 나누는 대화를 해야 한다. 이런 대화는 한 사람의 가장 내밀한 부분을 나누는 것이므로 '침실에서의 대화'라고 한다. 베갯머리에서 나누는 부부간의 대화에는 다른 사람과 나눌 수 없는 진실한 정이 담겨 있다.

가정의 행복은 대화의 밀도와 수준에 달려 있다. 대화가 5등급 수준에 머물러 있다면 그 부부는 한집에 살아도 이웃집 아저씨나 아줌마처럼 남남 같은 관계다. 남편과 아내가 이웃집 아저씨와 아줌마로 산다면 얼마나 불행한 일인가? 진실한 대화가 없는 부부의 삶은 황량한 사막과 같다.

우리 부부는 고품격 1등급의 대화를 얼마나 하고 있을까? 혹시 4등급이나 5등급의 상투적인 대화에서 표류하고 있는 것은 아닐까? 그렇다면 지금이라도 새롭게 시작하라. 대화의 기술을 훈련하라. 무엇을 어떻게 말해야 하는지 배워라. 그리고 당신의 내면으로부터 정감 어린 솔직한 말들을 길어 올려라. 황량한 사막도 푸른 초원으로 바뀔 수 있다.

대화는 듣는 일

'부부 사이에 대화를 많이 하라'고 하면, 사람들은 자신이 말을 많이 해야 하는 줄로 안다. 그러나 가장 훌륭한 대화 기술은 잘 들어 주는 것이다.

상담을 하다 보면, 아내의 말을 잘 들어 주기는커녕 오히려 무시하거나 외면하는 남편들이 참 많다. 이런 사람들의 아내는 마음의 병이 깊다. 이와는 반대로 남편의 말을 제대로 들어 주지 않는 아내들도 있다.

한번은 결혼 3년 차인 아내가 남편과 대화가 통하지 않아 힘들다며 상담을 요청해 왔다.

"남편의 가장 큰 문제점은 제 말을 거의 들으려 하지 않는다는 거예요. 그래서 늘 저를 무시한다는 생각이 들고, 어쩌다 대화를 나누려고 해도 결국은 또 싸우게 돼 상처만 입고 끝납니다. 남편의 말투가 워낙 쌀쌀맞고 비판적이어서 상처를 잘 받는 제 성격으로는 감당하기 힘들어요. 그동안 수차례 싸우기도 하고 편지도 쓰며 제 나름대로 남편에게 맞춰 보려고 노력했습니다. 그런데 남편은 이런 문제의 심각성을 모르는 것 같아요. 정말 나만의 문제인가, 내가 정신적으로 이상한가 싶어서 정신과에 가 볼 생각도 했습니다. 관계가 더 악화되기 전에 해결책을 찾고 싶어요."

결혼한 지 3년밖에 안 된 젊은 아내가 대화의 단절로 인한 우울함과 고통을 호소했다. 그런데도 남편은 문제의 심각성을 느끼지 못했다. 심지어 어떤 남편들은 아내의 대화 파트너 역할을 전문가에게 떠넘기려 한다.

"정신과 가서 상담받아 봐."

그런데 '상담'이란 게 무엇인가? 상담의 깊은 뜻은 '바로 들어 주기'라고 할 수 있다. 훌륭한 상담자들은 상대방의 말을 들어 주는 데 시간의 80퍼센트를 할애한다. 정신과 치료 역시 환자의 아픔을 깊이 공감해 주는 데서부터 시작한다.

마음을 다해 진지하게 들어 주고 공감해 주는 것만으로도 고통의 절반은 치유된다. 서로의 말에 귀를 기울여 주는 것만으로도 부부 갈등의 절반은 해결될 수 있다는 이야기이다.

들어 주기가 얼마나 중요한지, 최근에는 우리나라에도 실버시터(Silver sitter)라는 새로운 직업이 생겨났다. 외로운 노인들의 이야기를 들어 주고 '시간당 얼마'의 보수를 받는다고 한다. 노인이

든 아이든 사람은 누구나 자신의 말을 들어 주고 소중하게 여겨 주고 지지해 주는 사람을 갈망한다. 다하지 못하고 가슴에 묻은 말은 고인 물처럼 썩어서 인간의 영혼을 해치는 독이 된다.

말하기보다 들어 주기가 훨씬 중요하다는 것은 귀와 입의 생김새만 보아도 알 수 있다. 귀는 두 개로 입보다 위에 달려 있고 늘 뚫려 있다. 입은 귀보다 적은 한 개이며 아래에 달려 있고 열고 닫을 수 있다. 더욱이 입안에는 토성을 쌓고 그것도 모자라서 돌담까지 둘러놓지 않았는가?

대화법 중에 '1, 2, 3 법칙'이라는 것이 있다. 1분 말하고 2분 들어 주고 3분 맞장구를 쳐 주는 방법이다. 한마디로 적게 말하고 많이 들어 주고 적극적으로 상대를 지지해 주라는 것이다. 말하기보다 듣기를 힘써 하라는 가르침이다.

부부는 서로에게 훌륭한 상담가가 되기를 자처해야 한다. 훌륭한 상담가가 되려면 입을 열기보다 귀를 열라. 그리고 귀를 열기보다 먼저 마음의 문을 활짝 열라.

칭찬에 담긴
플러스 에너지

그리스 신화에 피그말리온이라는 조각가 이야기가 나온다. 피그말리온은 옛날 그리스 세계를 깜짝 놀라게 할 만큼 뛰어난 조각가였다. 어느 날 그는 멋진 상아를 구해 아름다운 여인상을 조각했다. 얼마나 아름다웠는지 피그말리온은 자신이 조각한 여인상과 사랑에 빠지고 말았다. 그는 마치 살아 있는 여인을 대하듯 조각상에 이름을 붙이고, 아름다운 옷을 입히고, 온갖 장신구로 아름답게 꾸며 주었다. 식사 때는 마주 세워 두고 바라보며 밥을 먹었고, 잠을 잘 때는 옆에 누인 채 날마다 자신의 이야기를 들려주었다.

그러는 동안 사랑은 더욱 깊어져서 피그말리온은 사랑의 여신 아프로디테를 찾아가 매우 간절히 기도했다.

"아, 이 조각상이 생명이 있는 여인이라면 얼마나 좋을까요?"

마침내 아프로디테가 그의 사랑에 감동하여 조각상에 생명을 불어넣어 주었다. 피그말리온은 많은 사람들의 축복을 받으며 자신이 창조한 여인과 결혼해서 행복하게 살았다.

심리학에서 말하는 '피그말리온 효과'는 이 이야기를 바탕으로 생겨났다. 간절히 소망하고 믿으면 그대로 이루어지는 '자기실현 효과'를 가리키는 말이다. 이것은 칭찬의 효과와도 통한다. 사람은 누군가 믿어 주고 기대해 주고 칭찬해 주는 대로 변한다는 것이다. 칭찬은 사람이 아닌 고래조차 춤추게 한다지 않는가?

미국 GE의 사장 잭 웰치 역시 칭찬 속에 숨겨진 플러스(+) 에너지로 성공한 사람이다. 그는 어렸을 때 심한 말더듬이였다. 늘 열등의식에 젖어 사람 만나기를 꺼리던 그에게 어머니가 이런 말을 해 주었다.

"너는 머리가 몹시 좋은 아이야. 두뇌 회전이 너무 빨라서 말이 미처 생각을 따라가지 못할 뿐이란다. 넌 커서 반드시 훌륭한 사람이 될 거야."

잭 웰치는 어머니의 칭찬과 격려에 용기를 얻어 그때부터 공부에 전념했다. 또한 말더듬이라는 약점을 두려워하지 않고 친구도 적극적으로 사귀었다. 그 결과 그는 마침내 세계적인 기업의 CEO가 될 수 있었다.

'세 치 혀'라고 한다. 그러나 이 조그만 혀에서 솟구쳐 나오는 언어에는 생명력이 있다. 희망의 언어는 죽어 가는 사람을 절망의 구렁텅이에서 이끌어 내는 긍정의 힘을 가지고 있다. 그런가 하면 멀쩡한 사람을 파멸로 이끄는 독약 같은 언어도 있다. 익명의 악성 댓글 때문에 자살을 기도한 연예인이 얼마나 많은가?

경찰서를 드나드는 범죄자들 중에도 성장하는 동안 주위로부터 칭찬이나 격려의 말을 들어 본 적이 거의 없는 사람들이 많다. 그들의 청소년 시절은 대개 꾸중과 비난, 독설과 저주의 말로 점철되어 있다고 한다. 찢어진 옷은 수리할 수 있지만 말로 받은 상처, 찢어진 마음을 다시 이어 붙이기는 어렵다.

말이 사람을 만든다. 우리 부부는 서로에게 플러스(+) 에너지를 가진 칭찬과 격려의 말을 얼마나 하고 있을까?

"당신 멋있어요."

"당신 훌륭해요."

"당신이 우리 집 기둥이에요."

"우리가 이만큼 사는 건 당신 덕분이에요."

듣는 것만으로도 자부심이 생기고 어깨가 으쓱해지는 말, 사랑과 위로가 가득한 말, 사랑과 희망이 샘솟는 말, 이런 말만으로도 당신의 세 치 혀는 참으로 위대한 기적을 이룰 수 있다.

말보다
더 중요한 언어

강의를 다니다 보면 우리 부부는 함께 차를 타고 다닐 일이 많다. 부부가 함께 차를 타면 싸울 일도 많아진다. 방향감각과 기억이 서로 다르기 때문이다.

"글쎄, 이 길이 아니라니까 그러네."

"내가 이리 오지 말자고 했지. 봐, 꽉 막히잖아. 강연 늦었는데 어떻게 할 거야?"

서로 짜증을 부리고 원망하고 삐쳐서 말을 안 하기도 한다. 그러다가도 강연장에 도착하면 웃으면서 들어가야 하니 우리는 일 때문에라도 풀어야 한다.

예전에는 모르는 길을 갈 때 약도를 보거나 길가에 차를 세우고 물어 물어 찾아가야 했지만 요즘에는 내비게이션이 다 알아서 길 안내를 해 준다. 세상 참 좋아졌다. 길을 잘못 들었다고 싸울 필요도 걱정할 필요도 없다. 내비게이션은 친절하게 "경로를 재탐색합니다" 하고는 곧 다시 길을 안내한다. 가르쳐 준 길로 안 갔다고 화를 내는 법도 없고 "이봐, 당신 틀렸어. 이리 가면 안 돼" 하면서 비난하는 법도 없다. 열 번이고 스무 번이고 언제나 친절하고 상냥하게 가르쳐 주고 또 가르쳐 준다. 정말 착하기도 하다.

이럴 때마다 나는 아내 들으라고 농담처럼 한 소리 한다.

"내 아내도 이렇게 토 달지 않고 상냥하게 말하면 얼마나 좋을 꼬."

그러면 아내는 이렇게 대답한다.

"아이고, 나도 그러고 싶어. 기계처럼 아무 감정이 없다면야 왜 안 그러겠어?"

부부간의 대화가 원만하게 이루어지지 않는 이유도 사람은 기계와 달리 감정을 가진 존재이기 때문이다. 말을 할 때 어쩔 수 없이 감정이 실리기 때문에 싸움이 되고 갈등이 생겨난다.

대화를 나눌 때 대화의 내용이 사람의 마음에 끼치는 영향은 7퍼센트밖에 안 된다고 한다. 반면 말에 실린 감정이 끼치는 영향은 38퍼센트나 된다. 몸짓이나 표정 같은 비언어적인 표현이 주는 영향도 무려 55퍼센트이다. 그러니까 의사소통에는 말하려는 내용보다 그 말을 담는 그릇, 즉 목소리, 억양, 몸짓, 표정이 훨씬 더 중요하다는 이야기가 된다.

예를 들어 보자. 아무 감정도 실리지 않은 목소리로 "이게 뭐야?" 한다면 그냥 단순하게 묻는 것이 된다. 애교를 섞어 "이게 뭐야?" 한다면 어리광을 부리고 싶다는 표현이 될 것이고, 감탄하듯 "어머나, 이게 뭐야?" 하고 묻는다면 놀라움을 나타내는 말이 된다. 만약 "이게 뭐야?" 하고 버럭 소리를 지른다면 나무라는 뜻이 담겨 있는 것이고, 목소리를 낮게 깐 채 냉정하게 말한다면 경멸이, 픽 비웃으면서 말한다면 조소가 담겨 있다고 해석할 수 있다. 그런가 하면 거친 목소리에 일그러진 표정, 삿대질까지 곁들여 "이게 뭐야?" 하고 소리친다면 강한 비난을 담고 있는 것이 된다. "이게 뭐야?"라는 말 한마디에 어떤 표정과 몸짓, 목소리가 따르느냐에 따라 그 안에 담긴 뜻은 천차만별이 된다.

흔히 "아 다르고 어 다르다"라고 한다. 부부간의 대화도 그렇다. 똑같은 말도 어떻게 하느냐가 중요하다. 내 기분 내키는 대로, 내 성질 나는 대로 거르지 않고 그대로 말을 내뱉어 버린다면 상대는 상처를 받게 된다. 반대로 냉담한 표정으로 싸늘하게 말하는 태도 역시 깊은 상처를 준다. 그러므로 말할 때 나쁜 감정, 화난 감정을 빼고 부드럽게 순화시켜 말하는 지혜가 필요하다.

반드시 많은 말을 나눠야만 대화를 잘하는 것은 아니다. 순간적으로 생각난 말, 충동적인 느낌을 전부 다 말한다고 해서 솔직한 것도 아니다. 좋은 말을 잘 걸러서, 아름다운 표정과 순한 목소리에 실어 말할 때 비로소 훌륭한 대화가 된다.

때론 아무 말을 나누지 않아도 마주 잡은 손 하나로 온 마음을 주고받는 깊은 대화를 나눌 수 있다. 이심전심이라는 말도 있지 않은가? 부부가 함께 손을 꼭 잡고 서서 가슴이 벅차도록 아름다운 풍경을 바라보거나 나란히 산책로를 걸어 보라. 손으로 느껴지는 온기만으로도 진실한 대화가 될 수 있다. 감동적인 영화를 보거나 연주를 들으면서 함께 눈물을 흘릴 수 있다면 그 위에 어떤 말이 더 필요할까?

꼭 언어만이 말은 아니다. 두 마음의 완전한 교감은 말 없는 말로도 충분히 가능하다. 부부의 삶에서 말없이 통하는 말이야말로 향기로운 꽃과도 같다.

부부간 의사소통 점검 리스트 15

1. 말이 별로 없다.   남편 □ 아내 □
2. 자신의 느낌이나 감정을 잘 표현한다.
           남편 □ 아내 □
3. 화가 나면 말을 하지 않는다.   남편 □ 아내 □
4. 잔소리하고 바가지를 긁는다.   남편 □ 아내 □
5. 무관심하고 건성으로 듣는다.   남편 □ 아내 □
6. 상처를 주거나 무시하는 말을 자주 한다.
           남편 □ 아내 □
7. 끝까지 이기려고 한다.   남편 □ 아내 □
8. 서론이 장황하고 말이 많다.   남편 □ 아내 □
9. 말이 통하지 않는다.   남편 □ 아내 □
10. 신뢰할 수가 없다.   남편 □ 아내 □
11. 곤란하면 딴청을 부리거나 피해 버린다.
           남편 □ 아내 □

12. 이야기가 일방적이고 명령지시형이다.

　　　　　　　　　　　　　　　　남편 □ 아내 □

13. 자기 생각과 다르면 화를 낸다.　　남편 □ 아내 □

14. 자기중심적이고 자기 집착에서 못 벗어난다.

　　　　　　　　　　　　　　　　남편 □ 아내 □

15. 폭언을 한다.　　　　　　　　　남편 □ 아내 □

※ 부부가 서로 체크한 것을 비교해 보고 개선점을 찾아본다.
　체크한 것 중 부부가 다른 것이 2개 이하이면 문제점을 아는 데 대체로 일치하는 것이다.
　3~5개이면 서로가 비교적 모르고 있다.
　5개 이상이면 문제가 심각하다.

4장

잘 싸우며
삽시다

©Derick Mckinney/Unsplash.com

잘 싸우는 것도
대화

갈등 없는 삶이란 없다. 세상살이, 사람 살이가 다 갈등의 연속이다. 갈등은 살아 있다는 증거이다. 세상에 갈등이 없는 곳이 있다면 그곳은 공동묘지일 것이다. 결혼생활 역시 갈등의 연속이다. 사랑한다고 갈등이 없는 것도 아니고, 갈등이 있다고 해서 사랑하지 않는 것도 아니다. 부부 갈등이 확실히 없기를 바란다면 혼자서 살면 된다.

갈등은 무조건 나쁜 것이 아니다. 건강한 부부는 갈등을 통해 더욱 성숙한 하나가 된다. 그런가 하면 갈등 때문에 아예 파경으로 가는 부부도 있다. 문제는 갈등을 조정하고 해결하는 능력이다. 부부 싸움도 잘만 하면 갈등을 해결하는 적극적인 대화의 한 방법이 될 수 있다.

상담을 하다 보면 가끔 부부 싸움을 전혀 안 하고 살았다는 사람을 만나곤 한다. 물론 정말 금실이 좋아서 싸우지 않는 부부도 있을 것이다. 그러나 대개는 거짓말을 하거나 문제의 심각성을 전혀 모르는 둔감한 사람들이라서 그렇게 말한다. 그들의 배우자의 말을 들어 보면 상황은 전혀 다르다.

가정 세미나에 참가한 한 부부의 경우도 그랬다. 남편은 사람들 앞에서 자랑했다.

"저는 성이 '노'씨인데 모든 것을 'No, No' 할 정도로 성격이 까다롭답니다. 하지만 결혼 31년이 되도록 한 번도 싸운 일이 없어요. 아내가 다 잘 받아 주거든요. 이만하면 행복한 부부 아닌가요?"

옆에 있던 아내가 말을 받았다.

"네, 부부 싸움은 안 했지요. 그러자니 내 속이 어떻겠어요?"

남편은 행복한 부부라고 자부하는데 아내는 속이 시커멓게 탔다고 한다. 그 까칠한 성질 건드려 봤자 나만 손해니 그냥 참고 살았다는 것이다.

가정의 평화를 유지하기 위해 싸움을 피하는 것이 상책이라고 생각하며 무작정 참고 사는 사람들이 많다. 그러나 하수구에 가스가 꽉 차면 기어코 폭발해 맨홀 뚜껑이 날아가는 날이 오기 마련이다. 이런 부부는 가슴속에 시한폭탄을 안고 살아가는 것과 마찬가지다. 이 시한폭탄은 결국 황혼 이혼으로 폭발하거나, 몹쓸 질병으로 폭발한다.

폭발을 막으려면 하수구에 가스가 차지 않게 가스를 조금씩 빼주어야 하듯이, 쌓인 감정과 스트레스도 그때그때 털어 버려야 한다. 부부 사이에도 위장된 평화보다는 갈등을 솔직히 인정하는 태도가 더 낫다. 싸워 보지도 않고, 노력해 보지도 않고 이혼이라는 파경으로 가는 것은 비겁한 일이다.

이에 비하면 부부 싸움은 훨씬 건설적이다. 부부 싸움을 잘하면 갈등을 해결할 뿐 아니라 삶에 새로운 활력이 생긴다. 상대의 불만과 필요를 알게 되니 부부간의 이해와 사랑을 증진시킬 수 있기 때문이다.

싸우며 살아도 행복한 가정이 많다. 정말 심각한 것은 오히려 싸움이 없는 부부, 싸우고 싶지도 않은 부부, 싸울 수 없는 부부이다.

싸워라! 신나게 싸우며 살아라! 싸우는 것이 문제가 아니라 잘못 싸우는 것이 문제다. 싸우되 원칙을 지키며 싸워라! 진정 행복한 부부는 싸움이 없는 부부가 아니라 잘 싸울 줄 아는 부부이다.

참는 사람보다
대드는 사람이 오래 산다

　　우리 세대만 해도 여자들은 '시집가면 벙어리 3년, 귀머거리 3년, 장님 3년'을 당연하게 받아들여야 했다. 지금은 이런 생각을 하는 젊은이가 없을 것이다. 여성의 인권이 성장하고 목소리가 커졌다고는 하지만 아직도 우리 사회에는 가부장적 문화가 많이 남아 있다. 그래서인지 부부 싸움을 하면 아무래도 여자가 참아야 한다는 생각이 큰 듯하다.

　　결혼하고 15년이 지나도록 남편에게 꽉 눌려 살던 아내가 있었다. 남편은 다혈질에 권위적인 사람이었다. 눈을 부릅뜨고 "여자가 어디서? 시끄러워!" 하고 소리치면 아내는 절로 어깨가 움츠러들었다. 남편의 위압적인 태도와 말투가 무서워서 말대꾸를 한다거나 눈 똑바로 뜨고 대드는 일은 생각도 못 하고 살았다. 아내가 두 손 두 발을 다 들고 사니 부부 싸움이 생길 리 없었다.

　　그러나 싸움이 없다고 행복한 것도 아니었다. 아내는 밖에 나

가서도 어딘가 소심하고 자신감이 없었으며 잔뜩 주눅이 들어 있었다. 표정도 어두웠다. 체하기라도 한 것처럼 속은 늘 더부룩했다. 아내는 더 이상 참지 않기로 결심했다.

'까짓것, 죽으면 죽고 살면 사는 거지!'

드디어 부부 싸움을 한판 신나게 벌였다. 있는 힘껏 소리치고 울고불고했다. 15년 동안 가슴속에 맺힌 응어리가 다 풀려 나가는 느낌이었다. 참고 살지 않으면 세상이 뒤집어지는 줄 알았는데 아무 일도 일어나지 않았다. 지구가 멈추지도 않았고 세상이 끝장나지도 않았다. 놀라서 아무 말도 못 하는 남편을 등지고 서자 슬며시 웃음이 비어져 나왔다.

'아이고 시원해라! 15년 묵은 체증이 쑥 내려가네.'

한 판 시원하게 하고 나니 오래 묵었던 마음의 병이 서서히 낫기 시작했다. 자신감도 조금씩 되살아나고 표정도 훨씬 밝아졌다.

미국 보스턴에 있는 이커연구소가 10년 동안 3,700명의 주민들을 대상으로 연구 조사한 결과를 보면, 참는 아내보다 싸우는 아내가 더 오래 산다고 한다. 참고 사는 아내는 싸우고 사는 아내보다 심장병 등 각종 질병에 걸릴 확률이 4배나 높게 나타났다. 물론 아내로부터 무시당하고 자존심을 짓밟히며 사는 남편 역시 심장질환에 걸릴 확률이 높았다.

캘리포니아 대학의 한 심리학자는 암이 발생하기 쉬운 성격 유형이 있다고 밝혔다. 평소 마음에 들지 않아도 드러내 놓고 불평을 못 하는 사람, 특히 분노나 적개심과 같은 부정적인 감정을 밖으로 잘 표출하지 못하는 사람들이 암에 걸릴 확률이 높으며, 또 절망적인 상황으로 인한 우울 상태가 지속될 때도 암에 걸리기 쉽다고 한다.

한쪽이 지나치게 공격적이고 위압적이면 다른 한쪽은 그 위세에 눌려 자신의 감정을 충분히 표현할 수 없다. 싸워 봤자 매번 지고 당하기만 하니 아예 마음의 문을 닫아 버린다. 이런 부부는 싸우지 않기 때문에 겉으로는 별문제가 없어 보인다.

그러나 밖으로 표현되지 않는 감정은 지하수처럼 안으로 스며들어 고이고 썩는다. 눈에 보이는 외상은 치료하면 되지만 마음의 상처는 쉽게 드러나지도 않는다. 그 결과는 몸과 마음의 질병으로 나타난다. 만성 소화불량과 편두통에 시달리고 신경과민에 우울증까지 온다. 매사에 의욕이 없고 무기력하다. 어떤 남편은 기가 죽어 늘 아내의 눈치만 살피고, 어떤 아내는 눈 감으면 모든 것을 잊을 수 있으니 끝없이 낮잠을 잔다. 먹는 것으로 스트레스를 풀어 비만으로 건강을 해치는 이들도 있다.

부부들이여! 참으면 병이 된다. 얼굴도 몸도 미워진다. 슬프면 울고 화나면 싸워라! 그래야 건강하게 오래 산다.

곰 같은 아내,
여우 같은 아내

'참새 아내'의 수다에 그만 녹다운된 남편이 있었다. 퇴근하고 집에 들어가는 것과 동시에 쏟아지는 아내의 수다에 지쳤다.

'좀 조용하고 차분한 여자와 살아 봤으면…….'

사실 아내의 상냥한 성품에 반해 결혼했다. 막상 결혼하고 보니 상냥한 게 아니라 말이 많아도 너무 많았다. 남편은 아내의 수다에 완전히 질려 버렸다. 세월이 흐른 뒤 아내가 먼저 세상을 떠났을 때 남편은 묘비명을 이렇게 하고 싶었다.

'참 말 많던 아내, 드디어 입 다물다.'

그러면 말이 없는 무뚝뚝한 아내면 괜찮은 걸까? 남편이 퇴근하고 집에 돌아왔으나 아내는 텔레비전을 보느라 가벼운 인사도 하지 않는다. 남편이 씻고 나오자 아내는 냉장고에 있던 반찬을 꺼내 말없이 차려 주고는 다시 텔레비전 앞에 가서 앉는다. 그러고는 리모콘을 돌려 가며 드라마에 푹 빠진다. 집에 같이 있지만 남편은 혼자서 식탁에 앉아 외롭게 저녁을 먹는다. 그러면서 이렇게 생각한다.

'내가 어쩌다 저런 곰 같은 여자와 살게 되었나. 좀 애교 있고 상냥한 여자와 살아 봤으면……'

이 남편은 앞의 남편과는 달리 '곰 아내'의 차분하고 조용한 성격이 마음에 들어 결혼했을 것이다. 그러나 막상 결혼하고 보니 조용함이 지나쳐 집 안은 적막강산처럼 썰렁하기만 하다.

이 남편들은 결혼 전에 장점으로 보았던 아내의 성격이 막상 결혼생활에서는 단점으로 보인 것이다.

아내의 입장에서 보면 결혼 후에 변하는 건 남편들도 마찬가지다. 부드럽고 다정한 성격이 마음에 들어 결혼했더니 지나치게 우유부단해서 아내에게만 의지한다는 남편, 반대로 남자답고 씩씩한 성격에 반해 결혼했더니 툭하면 싸움을 벌여 문제를 일으킨다는 남편. 어디 그뿐이랴. 연애할 때는 값비싼 선물을 턱턱 사 주는 대범함에 반했으나, 그런 남편 덕에 카드값에 치여 산다는 아내. 반대로 알뜰하고 검소한 성격이 좋아 결혼했더니 너무 자잘한 생활비 내역까지 따져 묻는 인색함에 완전히 질려 버렸다는 아내까지.

우리가 연애할 때는 아내도 운전하는 내 모습이 터프해서 좋다고 했다. 하지만 결혼 후에는 조수석에 앉는 것이 불안하다고, 제발 운전 좀 점잖게 하라고 성화를 부린다. 그러면 나는 '운전하는 사람 속 뒤집어 놓는다'고 화를 낸다. 그러다가 싸움이 난다.

이렇게 결혼 전의 장점이 결혼 후에는 대부분 단점으로 변한다. 왜 그럴까? 그것은 사랑의 환상이 깨지면서 배우자를 바라보는 당신의 시각이 변했기 때문이다. 즉 배우자가 변한 것이 아니라 당신이 변한 것이다.

원래 장점과 단점은 동전의 양면과 같다. 똑같은 일도 어떻게 보느냐에 따라 좋게 보이기도 하고 나쁘게 보이기도 한다. 사랑에 빠졌을 때는 연인이 내미는 구리 반지가 황금 반지로 보였지만, 이제는 그냥 구리 반지로 보일 뿐이다.

그러니 배우자의 단점 때문에 견딜 수가 없다고 느껴질 땐 되짚어 보라. 변한 것은 당신이고, 예전의 당신은 바로 그 점 때문에 그 사람을 열렬히 사랑했던 것이라고!

링 안에서 싸워라

모든 경기에 규칙이 있듯 부부 싸움에도 지켜야 할 규칙이 있다. 선수가 규칙도 모르면서 경기에 나가면 어떻게 될까? 곧바로 퇴장이다. 부부 싸움이 파경으로 치닫는 것도 바로 이 규칙을 모르거나 알고도 지키려 하지 않기 때문이다.

부부 싸움의 첫 번째 규칙은 바로 '링 안에서 싸우라'는 것이다. 권투선수가 링 안에서 주먹을 휘두르는 것은 정당한 경기지만 링 밖에서 주먹을 휘두르면 폭력이 된다. 부부 싸움도 마찬가지다. 정해진 경기장을 이탈해 장외에서 싸우는 것은 중대한 반칙이다.

그렇다면 부부가 싸울 수 있는 링은 어디일까? 한 지혜로운 부부는 집 안에 '싸움방'을 따로 마련해 놓았다고 한다. 싸울 일이 있으면 그 방에 들어가서 싸우되 방에서 나올 때는 나쁜 감정의 찌꺼기를 모두 털어 버리기로 약속하고 그대로 실천한다는 것이다. 그러나 가급적 안방에서는 싸우지 말아야 한다. 안방은 부부가 서로 친밀한 감정을 나누는 신성하고 거룩한 장소로 남겨 두어야 한다.

어떤 장소가 되었든 링을 결정했다면 그 안에서만 싸워야 한다. 싸움에 불리하다고 해서 링 밖으로 도망쳐 나가면 '게임 끝'이다.

부부 싸움만 하면 짐을 싸서 친정으로 가는 아내가 있었다. 무남독녀 외동딸로 귀여움을 독차지하며 자라 어려움이라곤 모르는 사람이었다. 아내가 친정으로 가서 며칠이고 돌아오지 않으면 남편은 처가에 가서 손이 발이 되도록 빌고 아내를 데려오곤 했다. 그런 일이 반복되는 동안 장인 장모와 사위의 관계는 극도로 악화되고 말았다.

이 부부의 갈등은 신혼 초라면 누구나 겪을 수 있는 사랑 싸움에 불과했다. 그러나 그 싸움을 장외로 끌고 나간 아내의 반칙 행위로 부부 갈등이 얽히고설켜 가족 갈등으로까지 확대되었다. 결국 사네 못 사네 하며 이혼 말이 오가는 동안에도 당사자는 제쳐 두고 양쪽 집안이 우르르 달려들어 볼썽사나운 꼴을 연출하고 말았다.

부부 갈등이 가족 갈등으로 비화되면 해결의 실마리를 찾기가 더 어려워진다. 막상 당사자들이 화해하고 재결합을 하고 싶어도 이미 가족들과의 골이 깊을 대로 깊어져 수습이 쉽지 않아진다.

그러므로 부부 싸움은 철저히 둘만의 일이 되어야 한다. 부부 싸움에서 이기기 위해 동맹군을 동원하는 일은 철부지 어린아이 같은 짓이다.

다시 한번 싸움의 원칙을 말하자면, 우선 싸우기 전에는 마음 놓고 싸울 수 있는 둘만의 링을 정하라. 그리고 링 안에서 싸워라. 링을 벗어나는 것은 치명적인 반칙이다.

관객 없이 싸워라

부부 싸움의 두 번째 규칙은 '관객 없이 싸우라'는 것이다. 부부가 싸울 때 절대 해서는 안 될 일이 상대의 자존심을 짓뭉개는 것이다. 특히 다른 사람 앞에서 강펀치를 날려 상대를 케이오(KO)시키는 것은 벌점이 아주 높은 반칙에 속한다.

더욱이 자녀들을 관객으로 모셔 놓고 하는 부부 싸움은 자녀들의 인생을 망치는 지름길이다. 부모 가운데 어느 한쪽이 당하는 것을 보면 자녀들은 '내가 대신 복수해야지' 하며 복수심을 기르게 된다. 그러나 곧 복수할 수 없다는 사실을 깨달으며 심리적인 혼란을 겪는다. 결국 정서적으로 불안정한 사람으로 성장한다.

어떤 부부는 싸우고 나면 아예 말을 안 한다고 한다. 장장 8개월씩이나 말을 안 하고 산 끈질긴 부부도 있다. 그러면서 자신들의 의사소통에 죄 없는 자녀들을 이용한다.

"아빠 식사하라고 해라."

"저녁 먹고 들어왔다. 안 먹는다고 해라."

의사 전달의 통로인 자녀들은 중간에서 그야말로 죽을 맛이다. 자녀들이 대체 무슨 죄인가? 왜 부부 싸움의 결과를 그 자녀들에게 전가하는가?

늘 부모의 싸움을 보며 자란 소년이 있었다. 어둡고 우울한 성장기를 보낸 소년은 포악한 청년으로 자라났다. 그는 돈이 필요할 때마다 부모를 협박해서 돈을 타 내곤 했다.

"당장 돈을 주지 않으면 자살해 버릴 거야."

'자살'이라는 말에 놀란 부모는 그의 손에 돈을 쥐어 주었다. 날이 갈수록 청년은 더욱 포악하게 변해 갔다. 한 여자를 만나 결혼했지만 이 결혼도 행복하지 못했다. 아내와의 잦은 다툼은 가정의 행복을 앗아갔다. 부모의 싸움만 보며 자라 온 그는 어떻게 해야 행복한 가정을 이룰 수 있는지 알지 못했다.

그러던 어느 날 아내가 아이를 낳다가 죽고 말았다. 청년은 자신에게 닥친 비극을 극복할 능력이 없었다. 늘 극단적인 방법으로 살아온 그는 자신의 머리에 권총을 대고 방아쇠를 당겼다.

비극적인 가정에서 자란 한 사람의 불행은 거기에서 끝나지 않았다. 자신을 낳다가 죽은 어머니, 자살한 아버지를 둔 아이도 그의 부모와 똑같이 어두운 어린 시절을 보냈다. 소년의 마음속은 세상에 대한 분노와 증오로 가득 찼다. 어른이 된 그는 국민들과 악수를 나누고 있는 미국의 윌리엄 매킨리 대통령을 향해 총을 쏘았다. 소년의 마음속에 깊게 뿌리내린 증오는 한 나라의 대통령을 죽음으로 몰고 갔다. 결국 이 청년은 사형을 당함으로써 비극적인 운명을 끝맺었다.

부모의 불행은 자녀들에게까지 유전된다. 자녀들은 은연중에 삶에 대한 부모의 태도에 영향을 받기 때문이다. 만약 자녀의 삶을 망가뜨리고 싶다면 이렇게 하라.

첫째, 자녀들 앞에서 부부가 서로 상대의 약점을 잡아 공격하라. 그러면 자녀들은 매사에 따지기를 좋아할 것이다. 그 결과 친구가 없는 외로운 인생을 살게 될 것이다.

둘째, 큰 소리로 싸우는 모습을 자주 보여라. 그러면 자녀는 폭력적인 사람이 되어 경찰서를 밥 먹듯 드나들며 비참한 인생을 살게 될 것이다.

셋째, 자녀들 앞에서 배우자의 흉을 보라. 그러면 자녀는 부모에 대한 증오심을 키우며 성장할 것이다. 또한 부정적인 인생관을 갖게 되어 누구에게도 사랑받지 못하는 사람이 될 것이다.

넷째, 부모가 집에서 아무 일도 안 하고 빈둥대는 모습을 보여라. 그러면 자녀는 게으른 사람이 되어 가난하게 살 것이다.

조나단 에드워즈는 미국이 낳은 최고의 지성으로 칭송받는 사람이다. 1703년에 태어난 그는 목사이자 저술가이며 나중에는 프린스턴 대학의 총장을 지냈다. 그는 날마다 13시간씩 규칙적으로 공부하고 강의와 저술, 목회 활동을 하며 몹시 바쁜 삶을 살았다. 그럼에도 불구하고 집에 오면 하루 1시간씩은 꼭 아이들과 함께 시간을 보냈다고 한다.

가족을 위해 최선을 다하고 늘 경건한 삶의 자세를 잃지 않았던 그의 후손 가운데는 훌륭한 사람이 많이 배출되었다. 300명이 넘는 목사, 선교사, 신학 교수, 120명의 대학 교수, 110명의 변호사, 60명의 이름난 작가, 30명의 법관, 14명의 대학 총장, 3명의 미국 상원의원, 그리고 미국 부통령까지!

반면 같은 시대 그와 한동네에 살던 전과자 맥스 주크의 후손 1,200명 가운데 거지가 310명, 440명은 방탕과 범죄로 파산했고, 130명은 평균 13년 복역한 죄수, 7명은 살인자, 100명은 알코올 중독자, 60명은 상습 절도범, 190명이 매춘부였다. 그리고 4대에 걸쳐 뉴욕시 돈을 120만 달러 이상 축낸 자들이었다. 앞선 세대의 삶이 후손에게 어떤 영향을 미치는지를 마음 깊이 깨닫게 해 주는 이야기이다.

인간은 지나간 과거를 위해서는 아무 일도 할 수가 없다. 그러나 다가올 미래를 위해서는 많은 일을 할 수가 있다. 우리는 조상을 위해서는 아주 작은 일도 할 수가 없지만 자손을 위해서는 위대한 일을 해낼 수 있다. 부모가 자녀들에게 물려줄 수 있는 최고의 자산은 바로 행복한 가정이다. 가장 훌륭한 자녀 교육은 부부가 서로 신뢰하고 존중하는 것이다.

자녀들을 절대로 부부 싸움의 관객으로 만들지 마라. 부부 싸움은 성인영화보다 더 해롭다.

집안 약점 들추면 레드 카드

아내의 친정 식구 문제로 갈등을 겪는 40대 부부가 있었다. 아내의 오빠가 새로 시작한 사업에 남편이 빚보증을 서 준 것이 화근이었다. 설마설마했던 오빠의 사업이 실패로 돌아가자 아내는 남편 보기가 영 민망했다. 그래서 남편이 늦게 들어오고 집안일에 소홀해도 꾹 참고 지냈다. 그런데 어느 날엔가 술에 취해 들어온 남편이 기어이 독설을 퍼부었다.

"당신 집안 사람들은 하나같이 왜 그 모양이야? 제 앞가림도 못 하는 주제에 무슨 사업을 한답시고……. 사업이 애들 장난인 줄 알아?"

남편의 독설은 비수가 되어 아내의 가슴에 꽂혔다. 아내는 속이 뒤집혔다. 그래서 반격했다.

"그깟 보증 하나 서 준 것이 뭐 그리 대단하다고. 그래, 당신 집안 식구들은 그렇게 잘났냐?"

"우리 집이 잘나지 못한 건 또 뭐가 있는데?"

"천국이 왜 천국인 줄 알아? 시어머니가 없기 때문이래. 당신 어머니 간섭은 정말 지긋지긋해."

"아니, 이 여자가 정말 시어머니한테 못하는 말이 없어."

싸움은 양쪽 집안 식구들에 대한 인신공격으로 번지더니 분노와 적개심만 키운 채 끝났다. 그리고 그날부터 아내와 남편은 각방 살이를 시작했다.

부부 상담을 하다 보면 많은 사람들이 공통적으로 호소하는 말이 있다. 자신을 무시하는 건 그래도 참겠는데 피붙이를 걸고넘어지는 건 정말 참기 어렵다는 것이다.

"당신 집안은 왜 그래?"

"처남은 언제 정신 차린대?"

"장인 어른도 참 문제야!"

"당신이나 시아버지나 무능한 건 똑같아!"

이런 말들은 두 사람을 갈라놓는 독약과 같다.

부부는 서로 사랑하고 보호해야 할 책임이 있다. 당연히 배우자의 가족에게도 관심과 애정을 가져야 한다. 배우자가 가족 문제로 걱정하는데 '너네 집안 일이니 나는 상관없다'라고 한다면 어떻게 부부라고 할 수 있을까? 둘 중 어느 한쪽이 아프면 다른 쪽도 아픈 것이 부부 아닌가. 배우자의 아픔을 자신의 것으로 느끼

4장 잘 싸우며 삽시다

지 못한다면 그 부부는 이미 한 지붕 두 가족이나 다름없다.

옛날에는 남녀가 결혼하는 것을 '시집간다' '장가간다'라고 표현했다. 그만큼 결혼은 당사자만의 일이 아니라 두 집안이 사돈의 연을 맺는 큰일이었다. 시대가 많이 변해 옛날 관습 따위는 필요 없다고 해도 두 사람이 결혼할 때는 양쪽 집안의 식구들도 포용하겠다는 마음의 자세를 가져야 한다. 그것이 평생을 함께 살아갈 배우자에 대한 의리이자 예의이다. 그런데 포용커녕 약점을 물고 늘어지며 어떻게든 상대를 짓밟으려 하는 것은, 남편으로서 아내로서 자격 미달에 해당하는 짓이다.

부부 싸움은 두 사람의 문제로 국한시켜라. 이것이 부부 싸움의 절대 규칙이다. 양쪽 집안의 약점을 들추는 것이야말로 가장 치졸하고도 파렴치한 반칙, 레드 카드 감이다.

과거에
집착하지 마라

30대 중반의 나이에 암으로 숨진 젊은 가장이 있었다. 그는 원리 원칙에 투철한 완벽주의자였다. 직원에게나 가족에게도 늘 완벽한 일 처리를 요구했다. 조금이라도 흐트러진 모습을 보이면 곧바로 질책이 잇따랐다. 이런 남편을 둔 아내의 스트레스는 이만저만이 아니었다. 속 모르는 사람들은 깔끔하고 유능한 남편을 두어서 좋겠다고 하지만 아내 입장에서는 고행에 가까운 삶이었다.

이 부부의 싸움은 거의 역사 공부 수준이었다. 오늘 발생한 작은 일에서 시작된 싸움은 연애 시절의 과거로까지 거침없이 거슬러 올라간다. 한번은 퇴근한 남편이 거실에 널려 있는 옷가지를 보고 아내를 공격했다.

"청소 하나 제대로 못 해? 도대체 당신이 집에서 하는 일이 뭐야?"

어김없는 남편의 질책에 아내는 단번에 신경이 날카로워졌다.

"나는 뭐 집에서 노는 줄 알아? 다른 남편들은 집안일도 잘한다던데, 당신은 만날 그저 잔소리만 하지."

남편은 아내의 말을 받아 융단 폭격을 퍼부었다. 완벽주의자인 그는 몇 달 전 아내가 시부모님 생신을 제대로 챙기지 못한 것에서부터, 몇 년 전 친구에게 돈을 빌려주고 돌려받지 못한 일까지 과거를 낱낱이 들추어 가며 아내를 공격했다. 이런 식의 싸움에 이골이 난 아내 역시 만만찮게 받아쳤다. 결혼할 때 혼수 문제로 받은 스트레스에서부터, 첫아이를 낳았을 때 산후조리를 제대로 못한 일까지……. 아예 역사책을 써 내려갔다.

이런 식의 소모적인 싸움으로 가정불화는 날로 심해졌고 결국 건강 악화로까지 이어졌다. 남편에게 췌장암이 발견된 것은 결혼 9년째를 맞았을 때였다. 죽음을 목전에 두고서야 남편은 후회의 눈물을 흘렸다.

"난 참 어리석은 사람이었어요. 실수하지 않으려고 평생을 긴장 속에서 살았어요. 심지어 아내에게조차 완벽을 요구했지요. 그동안 아내에게 상처 준 게 후회가 돼요. 우리 부부도 정말 행복하게 살 수 있었는데……."

세상에 완벽한 사람은 없다. 그러기에 갈등과 싸움은 피할 수 없는 일이다. 건강한 부부도 싸움은 한다. 그러나 부부 싸움은 반드시 한 가지 안건을 놓고 치러야 한다. 이미 공소시효가 지난 과거 일을 들추어 가며 싸우는 것은 반칙이다.

부부 싸움이 일어나는 원인 중에 90퍼센트가 이미 지난 과거 일이고, 현재의 일은 10퍼센트에 불과하다고 한다. 그러니 많은 부부가 과거가 드리운 헛된 그림자를 붙잡고, 현재를 갈등하면서, 미래를 불행으로 몰아가고 있는 셈이다.

부부 싸움은 단순히 화풀이를 위한 장이 아니다. 갈등이 되는 문제를 실제적으로 해결해서 행복한 가정을 이루기 위한 건설적인 수단이 되어야 한다. 그런데 이미 지나 과거를 들추어내서 무엇을 어쩌자는 것인가? 타임머신을 타고 과거로 돌아가 지난 일을 돌이킬 수 있는 것이 아니라면 지나간 과거는 이제 그만 잊고 넘어서야 한다.

살인 같은 끔찍한 범죄도 공소시효가 15년이다. 살을 맞대고 사는 부부 사이에 20년, 30년 동안 본전을 뽑을 때까지 우려 가며 싸울 일이 뭐가 있을까? 부부 싸움의 공소시효는 24시간, 그 이상을 넘기면 공소시효 만료로 사건을 종료시켜야 한다.

폭력만큼은 결단코 NO!

우리 사회는 오랫동안 가정 폭력에 대해서 너그러운 편이었다. 지금은 그렇지 않지만 몇십 년 전만 해도 길거리에서 아내를 때리는 남편을 보고도 말리는 사람이 별로 없었다.

'남의 집안 일에 참견할 필요가 있나.'

'뭔가 맞을 짓을 했겠지.'

가정 폭력을 철저히 개인적인 일로 치부하는 사회 분위기 탓이었다. 그러다 보니 때리는 남편보다 맞는 아내가 수치심 때문에 가정 폭력을 쉬쉬하는 일도 생겨난다.

"경찰에 신고하라고요? 어떻게 애 아빠를 전과자로 만들어요?"

"이혼하면 아이들은 어떻게 하고요. 아비 없는 자식을 만들 수는 없잖아요."

때리는 남편을 감당하기 힘들지만 결손 가정을 향한 따가운 시선과 경제적 어려움은 더 감당하기 힘드니 그냥 참고 산다. 그러나 억지로 은폐하는 사이 폭력의 강도는 점점 세진다. 때로는 끔찍한 비극으로 끝을 맺기도 한다.

맞는 아내들은 때리고 나서 눈물을 흘리며 용서를 구하는 남편들을 과신한다.

"다신 안 때린다는 각서를 받았으니 이제 괜찮을 거예요."

"알고 보면 그 인간도 불쌍해요. 내가 아니면 누가 돌보겠어요."

이런 잘못된 애정관과 우유부단한 태도는 문제 해결에 도움이 되지 않는다. 남편에게 맞는 아내들은 자존감을 상실하여 인간다운 삶을 살아갈 수 없다. 지금은 시대가 변해서 가해자가 다 남자는 아니며 피해자라고 해서 다 여자도 아니다. 그렇더라도 가해자의 성별을 보면 남성의 비율이 높다.

한편 폭력은 자식에게 대물림되기도 한다. 주변 사람의 인격을 파괴하고 상처와 고통을 주는 가정 폭력은 엄연한 범죄이다. 그러므로 처음 시작되었을 때 초전 박살을 내야 한다.

가정에서 폭력을 행사하는 것은 분노를 제대로 조절하지 못하고 욱하는 성질 때문인데, 그렇다고 누구나 다 배우자를 때리지는 않는다. 폭력 행위는 부모로부터 학습된 경우가 많다. 또 내면의 상처가 건드려질 때 폭력적으로 행동할 수도 있다. 그러므로 상대방에게서 그런 성향이 보인다면 성향과 폭력의 원인을 잘 파악하고 대처 요령을 숙지해 두는 것이 필요하다.

첫째, 주로 어떤 문제가 상대의 감정을 상하게 하는지 파악해야 한다. 사람들은 대개 부부 싸움을 할 때 거친 언어와 행동으로 어떻게든 상대에게 큰 상처를 입히려 한다. 그러나 부부는 무찔러야 할 적군이 아니다. 되도록이면 상대의 아킬레스건을 건드리지 않으려는 성숙한 자세가 필요하다. 실수로 건드렸을 경우에는 즉시 "미안해요"라고 사과해야 한다.

둘째, 한쪽이 화를 낼 때는 맞대응하지 말고 받아 주는 것이 좋다. 감정대로 다 맞받아치면 격해지기 쉽다. "아, 그래서 화가 났군요. 미안해요" 하며 상대의 감정을 공감하고 받아 주라. 감정의 광풍이 휘몰아친 후에 그때 다시 대화로 해결하면 된다.

셋째, 자신의 폭력적인 성향을 잘 알고 있다면 감정이 들끓는 순간 '타임아웃(Time-out)!'을 외치고 그 순간을 피하는 연습을 해야 한다. 자신이 '타임아웃!"을 외치는 순간에는 감정을 추스를 시간을 주도록 상대에게도 미리 협조를 구해 놓는다.

넷째, 세상에 '맞을 짓'이란 없다. 가정 폭력이 일어났다면 쉬쉬하지 말고 처음부터 주변에 알려 적극적으로 대처해야 한다. 공권력의 개입을 무서워하거나 귀찮아해서는 안 된다. 폭력은 개인의 일이 아니라 사회적인 문제이다. 처음 일어났을 때 뿌리를 뽑아

라. 그래서 '폭력을 행사하면 내가 손해구나. 다시는 하지 말아야지' 하는 생각을 갖도록 해야 한다.

가정 폭력은 쉽게 해결되지 않는 문제이다. 처벌받고 교육받아도 잘 고쳐지지 않는다. 더욱이 그 비극은 부모 대에서 끝나지 않고 대대손손 대물림되기에 자녀들을 위해서라도 가정 폭력은 반드시 끝을 내야 한다. 부부 싸움의 장에서 폭력은 즉각 그리고 영원히 퇴장되어야만 한다.

마음속
어린아이를 보듬어라

한번은 무역회사에서 근무하는 30대 가장이 우리 부부를 찾아왔다. 외모가 훤하고 성격도 온유하며 회사에서는 능력을 인정받는 젊은이였다. 그 또래 가장들이 '내 집 마련'에 허덕이고 있을 때 그는 경제적으로도 안정기에 접어들어 있었다. 그런 그가 더 늦기 전에 이혼을 해야겠다고 말했다.

남들 눈에는 잘나가는 그도 가정에서는 심각한 위기를 맞고 있었다. 아내와 가벼운 말다툼이 시작되면 반드시 큰 싸움으로 번지는 것이 견디기 힘들다고 했다. 아내는 그냥 가볍게 던진 말에도 눈에 쌍심지를 켜고 덤벼들었다. 한번은 그가 월급날이 되기 전에 돈을 다 써 버린 아내에게 무심코 한마디를 던졌다.

"생활비를 벌써 다 썼단 말이야? 당신 가계부는 쓰고 있어?"

그러자 아내는 도끼눈을 뜨고 남편을 향해 덤벼들었다. 그걸 보고 남편이 한마디 더 했다.

"아니, 이 사람이 어디 눈을 동그랗게 뜨고 덤벼?"

아내도 밀리지 않고 맞받아쳤다.

"그럼 당신은 눈을 네모나게 뜰 수 있어? 그러니까 당신 말은 내가 친정에 돈을 빼돌린다는 거야?"

"아니, 그런 뜻이 아니라……."

아내는 남편 말을 제대로 듣지도 않고 마구 고함을 질러 댔다. 남편은 하도 어이가 없어 "당신 성격이 좀 이상해진 것 같다"라고 말했다가 더 큰 곤욕을 치렀다.

"그래, 나는 남편 몰래 돈 빼돌리는 데다가 성격도 이상하다. 나랑 결혼한 게 후회스럽지?"

남편은 계속되는 아내의 거친 행동과 말투를 감당하기 어려웠다. 그래서 이혼을 결심했다는 것이다.

우리 부부는 두 사람을 불러 많은 대화를 나누었다. 그러다가 중요한 사실 하나를 알게 되었다. 아내가 지독하게 가난한 집에서 날마다 부모의 말다툼을 보며 자랐다는 것이다. 어린 시절의 증오와 분노가 평생 동안 한 사람을 쫓아다니며 불행을 확대 재생산한다는 사실을 다시 한번 깨달은 순간이었다.

아내에게는 아무도 모르는 깊은 상처와 아픔이 있는 '유치한 아이'가 숨어 있었다. 성숙한 어른끼리 싸울 때는 문제가 없다. 그런데 그 안에 내재된 유치한 아이가 튀어나올 때 문제로 번진다.

어린 시절의 상처, 곧 부모, 형제, 친구, 교사 등에게서 받은 상처가 치유되지 않으면 성인이 되어서도 문제를 일으킨다.

우리는 남편의 손을 잡고 말했다. 아내를 사랑한다면 마음속의 상처 받은 어린아이를 보듬어 주라고. 아내가 어린 시절의 상처를 치유할 수 있도록 도와주라고. 우리는 이 부부와 오랜 시간에 걸쳐 유치한 아이를 수용하게 하며 대화를 나누었고, 마침내 치유의 역사를 경험할 수 있었다.

불행한 집안에서 자라지 않았다고 해도 사람의 마음속에는 누구나 상처 받은 어린아이가 존재한다. 좋은 집안 훌륭한 부모 밑에서 잘 보호받으며 자랐다고 해도 성장하는 동안 누구나 좌절을 경험한다. 상처는 인간이 성장 과정에서 당연히 얻게 되는 훈장이다. "상처 없는 영혼이 어디 있으랴"라는 시구도 있지 않은가.

그런데 이러한 상처들이 부부 싸움을 극단으로 몰아가는 원인이 된다. 시작은 미미하였으나 어린 시절의 상처가 개입해 그 끝은 그야말로 창대해지는 것이다. 어떤 의미에서 부부 싸움은 두 명의 어린아이가 싸우는 것과 같다. 대개의 부부 싸움이 그토록 유치해지는 것은 이 때문이다.

부부는 육체의 배필만이 아니라 영혼의 배필도 되어야 한다. 상대의 상처를 따뜻하게 감싸 주고 보듬어 주려는 마음 없이 어떻게 영혼의 배필이 될 수 있을까? 남에게는 내보일 수 없는 아픈 과거를 드러내고 그것을 치유하기 위해 서로 돕는 것이 부부 아닌가? 싸우기 전에 먼저 마음속 어린아이를 보듬어라. 그래야 건강하게 싸울 수 있다.

항상, 언제나, 도대체, 왜

옛말에 "쥐도 궁지에 몰리면 고양이를 문다"라고 했다. 그래서 쥐를 쫓더라도 도망갈 구멍은 남겨 두고 쫓아야 한다. 부부가 싸울 때 상대를 궁지로 몰아가는 것은 어리석은 행동이다. 끝까지 추적해서 기어코 항복을 받아 내겠다는 것은 정복자의 생각일 뿐이다.

남편이나 아내가 무찔러야 할 적군인가? 부부 싸움을 하면서 "너 죽고 나 살자"거나 "너도 죽고 나도 죽자"라는 자세를 취할 이유가 어디에 있는가? 부부 싸움은 갈등 해결을 위해 거쳐야 하는 중간역이지 끝장을 내고 도착해야 할 종착역이 아니다.

부부 싸움에서 상대를 궁지로 모는 것은 극단적이고 단정적인 말들이다.

"당신은 '원래' 이렇고 이런 사람이야."

"당신은 '언제나' 그래."

"당신은 '도대체' '왜' 그러는 거야?"

이런 말을 듣는 상대의 입에서 문제를 해결할 건설적인 제안이 나올 리 없다. 여기에 대고 상대가 할 말은 딱 한 가지밖에 없다.

"난 원래 그런 사람이야. 그러니까 어쩌라고?"

부부 싸움을 단순한 화풀이가 아니라 문제 해결의 수단으로 생각한다면 말을 잘 골라 사용하는 지혜가 필요하다.

"왜 당신은 '항상' 양말을 뒤집어 놔?"

"왜 '항상' 치약을 중간부터 짜?"

"당신은 '언제나' 욕조를 쓰고 청소를 안 하더라!"

"당신은 '언제나' 이불을 안 개!"

"당신 '어제도' 늦게 들어왔지."

"설마 '오늘도' 술 마셨어?"

'항상' '언제나' '도대체' '왜'와 같은 말들은 상대에게 억울함과 좌절감을 안겨 주기 쉽다. 게다가 사람마다 심리적 현실을 다르게 느끼기 때문에, 한쪽은 상대가 늘 그렇다고 생각하지만 다른 한쪽은 그것을 쉽게 인정하지 않는다.

'에이, 어쩌다 한두 번 그런 걸 가지고 되게 따지고 드네. 자기는 그런 적 없나?'

이렇게 되면 싸움은 '네가 그랬냐, 안 그랬냐?'를 따지는 유치하고 소모적인 싸움으로 번지게 된다. 결국 아무것도 얻지 못하고

"너랑은 말이 안 통해. 우리 부부는 어쩔 수 없어"라는 절망감을 확인하는 것으로 끝난다.

사람에게는 청개구리 같은 심리가 있어서 청소하려고 빗자루를 집었다가도 "왜 그렇게 청소를 안 해? 제발 청소 좀 해라" 하는 소리를 들으면 잡았던 빗자루를 슬쩍 놓아 버린다. 하물며 '넌 언제나' '넌 항상' 하면서 궁지로 몰아간다면 누가 결점을 고치려 할까? 변명의 여지를 남겨 두지 않는 공격은 자신의 행동을 반성하고 고쳐 보겠다는 의지를 초장부터 꺾어 버린다.

그러므로 부부 싸움을 할 때는 항상 자신에게 되물어야 한다. 지금 왜 싸우고 있는가? 이 싸움에서 얻을 것은 무엇인가? 먼저 싸움의 목적을 분명히 한 후에 거기에 맞는 전략을 세워야 한다. 목적을 잊어버리고 감정의 소용돌이에서 표류하는 싸움은 둘 다 지는 싸움이다.

공격은 재치 있게 하라

초보 운전자들이 차창 뒤쪽에 붙이는 문구를 보면 나름대로 아이디어가 넘친다. 대개는 '초보운전'이라고 간단히 써 붙이지만 개중에는 '왕초보' '첫 경험' '병아리' 같은 애교 섞인 문구를 써 붙이는 사람도 있고, '지금은 초보, 화나면 람보' 같은 협박형 문구를 써 붙이는 사람도 있다. 이런 문구를 보면 짜증이 나다가도 슬그머니 웃게 된다.

한번은 앞서가는 차가 하도 주춤대기에 왜 그런가 가까이 가서 보니 뒤쪽 차창에 긴 문구가 쓰여 있었다.

'답답하시죠? 저는 미치겠어요!'

이런 문구를 보고도 '빵빵' 경적을 울려 대는 운전자가 있다면 그 사람은 감정이 메마른 차가운 사람일 것이다. 재치와 유머는 대립과 긴장을 부드럽게 완화시키는 힘이 있다. 때로는 그 어떤 논리적이고 위압적인 말보다 사람의 마음을 더 잘 설득한다.

요즘은 재래시장에서도 상품에 원산지 표시를 하게 되어 있다. 한번은 경동시장을 지나가는데 함지박에 담긴 고사리나물에 이런 푯말이 꽂혀 있었다.

'지금은 북한산, 통일되면 국산!'

이런 재치 있는 표현을 보면 절로 그 나물을 사고 싶어진다.

부부 싸움에서도 이런 재치 있는 말로 상대를 설득할 수 있다면 얼마나 좋을까? 서로를 물어뜯는 진흙탕 속에 빠져 허우적거릴 이유가 없을 것이다.

신혼 때 일이다. 아직 모든 것이 서툴기만 한 아내에게 나는 걸핏하면 "바보야"라는 말을 썼다. 한두 번이었다면 그냥 넘어갔을 텐데 습관처럼 "바보야"라고 하니 아내는 꽤 속이 상했던 모양이다. 어느 날 내가 또 "바보야"라고 하자 아내가 갑자기 반격해 왔다.

"흥, 끼리 생(生) 끼리 사(死) 아니겠어요?"

유유상종, 곧 '내가 바보면 함께 사는 너도 바보다'라는 뜻이었다. 그 후부터는 아내를 바보라고 부르던 내 버릇도 고쳐졌다.

아내는 부부 싸움을 할 때면 '재치 있게 공격할 수 있게' 해 달라고 마음속으로 빈다고 한다. 그 때문인지 말로 하는 싸움에서 나는 언제나 아내에게 백전백패를 당한다.

현명한 아내의 재치 있는 말 한마디는 백 마디 잔소리보다 큰 효과가 있다. 주변에 금실도 좋고 신앙심도 깊은 부부가 있었다. 남편의 과속 운전 버릇을 고치기 위해 고심하던 아내는 운전석 앞에 찬송가 제목을 이용한 이런 문구를 붙여 놓았다.

"시속 60킬로미터는 '내가 매일 기쁘게'

시속 80킬로미터는 '내 주를 가까이하게 함은'

시속 100킬로미터는 '예수가 우리를 부르는 소리'

시속 120킬로미터는 '요단강 건너가 만나리'"

아내의 애교와 사랑이 넘치는 이런 문구를 보고도 과속을 감행하는 남편은 없을 것이다. 재치와 유머는 싸우지 않고도 이기게 하는 최강의 무기이다. 실전에 대비하여 평소 재치를 단련하라.

윈윈 게임,
지는 게 이기는 것

　　부부는 같은 시간 같은 공간에 살면서 시시콜콜한 일상을 공유하는 사이다. 그러다 보면 친밀감이 쌓이기도 하지만 자잘한 부딪침이 생겨나기도 한다. 대개의 부부 싸움들도 바로 이런 자잘한 일상 때문에 일어난다.

　세계 평화, 인류 구제, 남북통일 문제로 갈등하고 싸우는 부부는 거의 없다. 대부분의 부부가 왜 양말을 뒤집어서 벗어 놓느냐, 왜 물건을 쓰고 나서 제자리에 두지 않느냐, 늦게 들어오면서 왜 전화를 안 하느냐, 왜 내 말을 무시하느냐 같은 사소하고 일상적인 문제로 약 오르고 기분 나빠서 으르렁거린다.

　부부 싸움은 아내가 먼저 시작하는 경우가 80퍼센트 이상이라고 한다. 그런데 원인을 제공하는 쪽은 남편이 80퍼센트 이상이다. 남편들은 먼저 싸움을 걸어 오는 아내가 불만이고, 아내들은 원인을 제공하고도 모르쇠로 일관하는 남편이 불만이다. 어느 쪽이든 한쪽이 조금만 참아도 싸움은 줄어들 것이다.

물론 갈등은 그때그때 해결하고 지나가는 것이 좋다. 신발 속에 작은 모래알 하나가 들어가면 성가시고 불편해서 털어 내야 하는 것처럼 말이다. 문제는 작은 일로 시작한 싸움이 '그래, 오늘 너 죽고 나 죽자' 식의 전면전으로 확대되는 데 있다. '이번 기회에 버르장머리를 단단히 고쳐 놓고야 말겠어'라거나 '끝내 이기리라'는 생각으로 덤벼들기 때문이다.

그러나 부부 싸움은 하나를 쳐부수고 하나가 살아남는 서바이벌 게임이 아니다. 한쪽이 따면 한쪽은 잃는 도박 같은 제로섬 게임도 아니다. 힘으로 억지로 이겨 보았자 상대의 가슴에 한만 맺힌다. 당장에는 승전가를 부를 수 있을지 모르지만 길게 보면 상대의 가슴에 입힌 상처가 행복한 가정의 발목을 잡는다. 손익을 계산해 보면 남는 것이 아무것도 없다. 도리어 배우자의 마음만 잃는다.

그래서 세상에서 가장 어리석은 남자가 바로 아내와 싸워 이기는 남자다. 아내에게 이긴다고 영웅이 될까? 영웅이 된다 한들 과연 행복할까? 그야말로 상처뿐인 영광에 불과하다.

부부 싸움은 지기 위해서 해야 한다. 힘이 없어서 지는 게 아니라 실력이 있어서 져 주는 것이다. 져 주는 것도 바로 그때 져 주는 것이 있고 뒤에 가서 져 주는 것이 있으며, 흔쾌히 져 주는 것이 있고 억지로 져 주는 것이 있다. 가능하면 당장, 흔쾌한 마음으로, 상대가 이길 수 있도록 져 주는 것이 정말로 이기는 방법이다.

젊었을 때는 권위적인 가장이었던 나 역시 지천명의 나이를 지났을 때부터는 '그래, 아내와 싸워 이겨 봤자 뭐 하나. 져 주는 게 이기는 거지'라는 생각을 하게 되었다. 잘못한 일이 없어도 "그래서 당신이 화가 났군. 미안해. 다음부터는 조심할게. 화 풀어" 이렇게 사과한다면 상대는 정말 결혼을 잘했다고 생각할 것이다. 또한 자신의 잘못을 뉘우치고 스스로 고치려고 노력할 것이다. 즉 둘 다 이긴 싸움, 윈윈 게임이 된다. 그런데 그 말을 하기가 어려워서 "바나나는 길어, 길면 기차, 기차는 빨라, 빠르면 비행기……" 하는 식으로 말꼬리를 잡으며 소모적인 싸움을 이어 간다.

할리우드 배우들은 이혼을 많이 한다고 소문이 나 있다. 덴젤 워싱턴은 그런 흐름 가운데 네 자녀와 함께 행복한 결혼생활을 유지하는 흔치 않은 배우이다. 그는 행복한 결혼생활의 비결을 묻는 기자에게 이렇게 대답했다.

"난 언제나 이렇게 말해요. '여보, 당신이 옳아요(Honey, You're right)'라고요."

이런 이야기를 들으면 '이 사람은 정말 도가 텄구나' 하는 생각이 든다. 사람의 인격은 운전할 때, 도박할 때, 싸울 때 드러난다는 말이 있다. 열등감에 사로잡힌 못난 사람일수록 상대를 상처 입혀서라도 반드시 이기려 든다. 한마디로 밴댕이 속이다.

    진정 실력이 있고 자존감이 높은 사람만이 상대에게 너그럽다. 싸워야 한다면 반드시 신사적으로 인격적으로 싸워라. 그래야 둘 다 이기는 게임을 할 수 있다.

부부 싸움 규칙 20가지

1. 신사적으로 공정하게 싸워라

일방적이거나 막가는 식의 싸움은 싸움이 아니다. 강아지들의 싸움판이다. 싸우되 이성을 잃지 마라. 곱게 싸울수록, 신혼 초에 많이 싸울수록 더욱 성숙한 부부 생활을 하게 된다. 부부는 적이 아니다. 평생 함께 가야 하는 동반자이기에, '너 죽고 나 죽자' 하는 태도는 문제이다.

2. 자존심을 건드리거나 상처를 주는 말은 삼가라

자존심을 건드리는 것은 독약을 먹이는 것과 같다. 상대방의 약점, 아픈 곳이나 과거의 잘못을 건드리지 마라. 특히 피붙이를 거론하지 마라. 처가나 시가를 들먹이며 비난하는 것은 뇌관을 건드리는 일이다. 나한테 잘못하는 것도 분한데 피붙이를 거론하면 더 참기 힘들어진다.

3. 사람을 공격하지 말고 문제만 놓고 싸워라

막상 싸우게 된 원인의 본질은 잊어버리고 상대방을 비난하는 일에만 열심인 경우가 있다. 사람을 공격하지 말고 문제의 본질만 가지고 싸워라.

4. 과거를 들추지 말고 현재의 일, 당장의 문제만 이야기하라

싸울 때마다 과거를 들먹이며 "지난해에도, 지지난해에도……" 하는 식으로 거슬러 올라가면 끝이 없다. 부부 사이에서는 24시간 경과한 일은 공소시효가 만료된 것이다.

5. 폭언하지 마라

막가는 말이나 "이혼하자"는 등의 극단적인 말을 하지 마라. 언어도 폭력이다. 외상보다 더욱 깊은 상처를 줄 수 있다. 더욱이 한 번 던진 말은 주워 담을 수 없다. 상처가 될 말은 삼가라.

6. 육체적 폭력은 범죄다

폭력은 맞는 사람에게도 때리는 사람에게도 인격에 손상을 준다. 사람은 두들겨 패서 고칠 수 없다. 폭력은 폭력일 뿐이며, 자녀에게 대물림된다는 사실을 기억하라.

7. 논쟁이나 변명하지 말고 잘못을 인정하라

말꼬리를 잡는 싸움은 끝이 없다. 말로 이기면 결국은 사람을 잃는다. 사과할 일은 사과하라. 제어되지 않는 혀는 브레이크가 고장난 자동차와 같다.

8. 한 가지 문제만 가지고 싸워라

일류 극장은 한 편만 상영하지만 삼류 극장은 동시 상영을 한다. 여러 문제를 한꺼번에 거론하며 싸우는 것은 삼류 싸움, 삼류 인생이다.

9. 큰소리치지 마라

호떡집에 불났거나 도둑이 들었을 때나 큰 소리를 내라. 부부 싸움에서는 큰소리치는 자가 지는 것이다.

10. 자녀들 앞에서 싸우지 마라

바가지는 안 깨져도 자녀들 정서가 깨진다. 옷은 꿰맬 수 있지만 찢어진 마음은 회복이 어렵다. 자녀 앞에서 싸우면 자녀의 기억에 시한폭탄이 심긴다.

11. 링 안에서 싸워라

권투 선수도 링 안에서만 싸워야 한다. 남편이든 아내든 싸우다 본가로 보따리 싸들고 가거나 부모에게 미주알고주알 일러바치는 것은 반칙이다. 상대가 싫어하는 친구를 만나는 것도 피하라.

12. 배우자의 상처를 이해하려고 노력하라

시시비비를 가리기보다 상대방이 원하는 것이 무엇인지 파악하라. 자신이 무조건 옳다는 생각을 버리고, 배우자의 마음속에 자리한 상처와 분노를 파악하라.

13. 분을 품고 잠자리에 들지 마라

그날 싸움은 그날 해결하라. 해가 진 이후까지 분을 품지 마라. 부부 싸움 뒤의 침묵은 금이 아니라 부부 사이를 금가게 한다.

14. 안방에서 싸우지 마라

안방은 사각의 링이 아니다. 안방은 부부가 가장 친밀한 감정을 나누는 곳으로 부부를 위한 성소이다.

15. 용서에 인색하지 마라

너그러움과 부드러움은 강함을 이긴다. 용서를 비는 일에 용감하고 상대를 용서하는 일에 대범하라. 용서에는 놀라운 대가가 따라온다.

16. 옷매무새를 가다듬고 싸워라

상대가 예뻐 보이면 싸움이 되지 않는다.

17. 감정이 격할 때는 타임아웃(Time-out)을 외쳐라

끝까지 이기려 덤비지 말고 감정이 격양될 때는 'Cool down' 시켜라. 시간이 지나면 감정도 가라앉고 지난 일들이 유치하게 느껴질 것이다. 격앙될 때는 행동을 멈추고 긴 숨을 내쉬라.

18. 존댓말을 써라

감정이 격해지면 말이 거칠어진다. 존댓말은 상대에게 예의를 갖추고 분노와 격정으로부터 적당한 거리를 두겠다는 다짐이다. 존댓말을 쓰면 말수를 줄일 수 있으며 감정을 조절할 수 있다.

19. 시작이 있었던 것처럼 끝을 맺어라

싸움을 멈출 시기를 구분하는 것은 지혜이다. 잠깐의 침묵이 흐른 후 끌어안고 미안하다고 하는 것이 이기는 것이다. 자존심을 버려라. 잘못한 것이 없어도 "미안하다, 내가 잘못했다" 하면, 배우자는 더 미안해하고 자기가 잘못한 것을 반성한다.

20. 윈윈 싸움을 하라

부부 싸움은 한쪽이 지고 한쪽이 이겨야 사는 서바이벌 게임이나 제로섬 게임이 아니다. 둘 다 이기는 싸움이 되도록 상대를 배려하며 싸워라. 싸움을 통해 부부가 더욱 가까워질 수 있다.

5장

아침 키스가
연봉을 높인다

©Azrul Aziz/Unsplash.com

아침 키스가
연봉을 높인다

"여보, 나 지금 출근해요."

"기다려요. 지금 가요."

부엌에서 설거지하던 아내가 황급히 앞치마에 젖은 손을 닦고 달려온다. 밝은 웃음을 지으며 다가서자 남편은 기다렸다는 듯 아내를 껴안고 가볍게 키스한다. 부부는 함께 "파이팅!"을 외치며 하이파이브를 한다. 남편은 발걸음도 가볍게 출근길에 나선다.

가벼운 볼 키스 정도면 된다. 살짝 손을 잡거나 껴안는 것도 괜찮다. 프렌치 키스라면 더욱 좋다. 프렌치 키스를 하는 동안 우리 몸에서는 무려 29개의 근육이 움직이며 뇌에서는 엔돌핀이 활발히 분비된다. 또 인슐린 등의 호르몬 분비가 증가해 질병에 대한 면역력이 강화된다.

아침에 키스를 한다는 것은 하루를 즐겁게 시작하겠다는 의지이며 성공을 향해 가는 길이다. 키스를 하고 회사로 향하는 남편의 마음속에는 행복감과 활력이 넘친다. 아침 공기마저 상쾌하게 느껴진다.

아침 출근길이 즐거운 남편은 직장에서 최고의 능률을 발휘한다. 새로운 아이디어가 샘솟고 업무 능력이 향상된다. 표정은 밝고 매사에 긍정적이고 적극적이다. 사람들로부터 신뢰를 받으니 대인 관계가 원만하고 동료들과 팀워크가 잘 이루어져 생산성이 높아진다.

부부 사이가 좋으면 그만큼 성공할 가능성이 커진다. 배우자로부터 지지받고 인정받는 사람은 자존감이 높아진다. 밖에 나가서도 당당하고 자신감이 넘친다. 자기가 가진 능력을 200퍼센트 발휘하니 일이 잘될 수밖에 없다.

반면 배우자로부터 무시당하는 사람은 매사에 실패하기 쉽다. 겉보기에도 어쩐지 위축되어 있는 것 같고 실제로도 소심해진다. 자신감이 부족하고 의욕도 떨어지니 능력을 제대로 발휘할 리 없다. 어쩌다 말다툼이라도 하고 출근하는 날이면 온종일 일할 기분이 아니다. 마음이 무거워 일이 손에 잡히지 않는다. 부부 싸움을 하고 출근한 사람들에게는 교통사고가 일어날 확률도 높다고 한다.

지금은 상상력과 창의력이 중요한 시대이다. 그날의 기분이 상상력과 창의력을 좌우하고, 하루의 기분은 아침에 결정된다. 그런데 아침 기분을 결정하는 곳이 어디인가? 바로 가정이다. 아침을 웃으며 시작하면 대박 인생, 찌푸리며 시작하면 쪽박 인생이다.

그러니 성공하고 싶다면 키스로 아침을 시작하라!

베사메 무초(Bésame Mucho, 듬뿍 키스해 주세요)! 아침 키스가 업무 능력을 향상(Up-grade)시킨다!

베사메 무초! 아침 키스가 연봉을 높인다!

행복한 가정이 경쟁력

　　컴퓨터 소프트웨어 하나로 세계를 정복한 마이크로소프트, 반도체 칩 하나로 세계 정상이 된 엔디비아, 미키마우스 캐릭터 하나로 초국가적 기업이 된 디즈니의 성공 요인은 바로 상상력과 창의력이다. 이제는 상상력과 창의력이 없으면 성공할 수 없다. 아무도 생각해 내지 못한 새로운 아이디어와 독특한 발상이 개인과 기업을 성공으로 이끌어 준다.

　독창적인 아이디어는 행복하고 자신감 있는 사람의 머리에서 나온다. 그래서 행복한 가정, 화목한 부부가 곧 개인의 경쟁력이자 기업의 경쟁력이 되는 것이다. 직원이 행복해야 생산성이 높아지고 CEO 가정이 살아야 직원들이 산다. CEO 부부의 행복이 곧 직원의 행복이고 직원이 행복하면 회사가 번영한다.

　기업의 정책 결정권을 쥐고 있는 CEO가 부부 싸움이라도 하고 출근하면 그날 그 회사 직원들은 하루 종일 죽을 맛이다. 최고 경영인의 가정불화가 기업에까지 영향을 미치는 것이다. 코스닥 등록을 앞둔 한 기업의 CEO가 부부 싸움의 여파로 등록도 못 한 채 퇴출당했다는 이야기도 있다.

그러니 대통령이 부부 싸움을 한 날에는 온 나라가 조심해야 하며 강대국 지도자가 부부 싸움을 하면 온 세계가 긴장해야 할 판이다. 한 가정에서 일어난 나비의 작은 날갯짓이 세계 어느 곳에서 거대한 폭풍으로 몰아칠지 알 수 없는 노릇이다.

가정이 행복한 사람은 직장에 대한 만족도가 높아 이직률도 낮다고 한다. 자신의 능력을 충분히 발휘하고 인정받고 있으니 회사를 옮길 이유가 없다. 직장 정착률이 높으면 기업 차원에서는 조직의 안정성을 유지할 수 있고, 그에 따라 신규 채용과 직원 훈련에 드는 비용도 당연히 절감되니 이익이 높아진다.

요즈음 기업에서 직원들의 가정을 챙기는 행사가 많아진 것도 이 때문이다. 직원의 가정이 망가지면 기업에도 부정적인 영향을 미친다. 선진국에서는 이미 오래전부터 가정 친화 기업 문화가 확산되고 있다. 행복한 가정이 최고의 경쟁력이 되는 시대인 것이다.

성공의 시발점은 가정이다. 가정은 삶의 휴식처일 뿐 아니라 힘의 충전소이다. 가정에서 새로운 힘을 충전 받을 때 성공을 향해 달릴 수 있다. 불행한 가정은 새로운 힘을 충전하기는커녕 가지고 있던 에너지마저 방전시킨다.

혹시 우리 집은 뭘 해도 안 된다고 생각하는가? 되는 일이 없어서 불행하다고 생각하는가? 그렇다면 생각을 전환하라. 일이 잘 되고 성공해서 행복한 것이 아니라 행복한 사람이 성공하는 것이다. 성공이 먼저가 아니라 가정의 행복이 먼저이다.

일과 가정이라는
두 마리 토끼

길거리에 1만 원짜리와 10만 원짜리가 떨어져 있다면 어느 것을 주워야 할까? 10만 원? 그렇다면 1만 원은 줍지 않고 그냥 버려야 할까? 아니다. 당연히 둘 다 주워야 한다.

일과 가정도 그렇다. 어느 하나를 위해 다른 하나를 희생하는 것은 어리석다. 일과 가정은 두발자전거와 같아서 둘 사이에 조화와 균형을 이루지 못하면 인생 자체가 제대로 굴러가지 못한다.

일반적으로 남자들은 일을 더 중요하게 여긴다. 이른 새벽부터 밤 늦게까지 앞만 보고 달린다. 그러다 보니 아내나 가족이 눈에 들어오지 않는다. 직장에서는 100점인데 가정에서는 0점이다. 남편에게 가정은 하숙집이요, 가족에게도 남편은 영원한 하숙생이다. 부부가 한집에 살아도 제 일에 빠져 남남처럼 바쁘게 살아간다. 그래서 결혼한 독신이라고까지 한다.

우리나라에도 일밖에 모르는 남자들이 칭송받던 시대가 있었다. 가정을 팽개치고 온몸을 바쳐 일해야 유능하다고 인정받고 사회적으로 성공했다. 오죽하면 이 나라 경제는 아내들의 고독과 눈물을 먹고 그 희생 위에 세워졌다는 말이 다 있을까. 지금은 시대가 달라졌다. 불행한 가정은 성공의 발목을 붙잡는다. 설사 사회적으로 크게 성공했다 해도 그것이 곧 삶의 성공으로 이어지지 못한다.

《부유한 노예》(The Future of Success)를 쓴 로버트 라이시는 가족과 많은 시간을 함께하기 위해 장관직을 사임한 사람이다. 옥스퍼드와 예일 대학에서 경제학과 정치학, 법학을 공부한 그는 클린턴 행정부 시절 노동부 장관직에 올라 하루 15시간 이상 열정적으로 일했다. 그러던 그가 돌연 장관직을 사임하고 가족의 품으로 돌아가자 사람들은 놀라움을 금치 못했다.

그의 이런 선택 뒤에는 성공에 대한 새로운 깨달음이 있었다. 그가 하루 15시간 이상 일에 매달리는 동안 가족과의 작은 행복은 삶의 바깥으로 밀려나 있었다. 사랑하는 막내아들은 밤늦게 들어오는 아버지 얼굴을 보기 위해 한밤중에라도 꼭 깨워 달라고 부탁할 정도였다. 과거에 비해 물질적으로는 풍요로워졌지만 그만큼 가족과 함께 나누는 삶의 기쁨들도 사라졌다.

'자기 자신'을 팔아야만 하는 신 경제 체제에서는 자신의 상품 가치를 끝없이 제고하지 않으면 낙오할 수밖에 없다. 더 많은 것을 소유하고 더 중요한 자리에 올라갈수록 그것을 지키기 위해서 필사적으로 일해야만 한다. 결코 일 바구니가 비는 일은 없다. 세상은 더 많은 시간을 요구하고, 그에 부응하다 보면 가족과의 관계는 소원해질 수밖에 없다. 엔진만 있고 브레이크는 없는 삶이다. 돈이 많아도 결코 일에서 벗어날 수 없는 부유한 노예, 성공한 노예가 되는 것이다.

그가 장관직을 사임한 것은 뒤늦게 이런 사실을 깨달았기 때문이다. 일과 가정이 균형을 이루지 못할 때 행복은 깨진다. 성공을 이루었다 해도 삶의 작은 기쁨들을 잃어버린다면 무슨 의미가 있을까? 밖에서 승승장구 잘나간다 해도 가족과 함께 행복을 나눌 수 없다면?

직장이 삶을 위한 공간이라면 가정은 행복을 위한 공간이다. 직장이 파트타임의 한시적인 일터라면 가정은 풀타임의 평생 일터이다. 성공은 짜릿한 성취감을 맛보게 하지만 그 성공의 열매도 가정이 있어야 나눌 수 있다. 실패했을 때 위로받고 다시 일어설 수 있는 곳도 가정이다.

《탈무드》를 보면 별을 연구한다고 하늘만 바라보며 걷다가 웅덩이에 빠져 죽은 사람 이야기가 나온다. 목표만 바라보고 걷다가는 가장 소중한 것을 잃을 수 있다. 지구촌을 누비며 사업을 하더라도 가정을 잃으면 모든 것을 잃는다. 먼 곳이 아니라 가까운 곳을 바라보아야 한다. 가장 가까운 곳, 내가 발 딛고 있는 가정이야말로 1차 사업장이다.

영국 작가 게스트는 〈작은 것〉(little)이라는 제목의 글에서 이렇게 고백했다.

"비록 내가 큰일을 하는 자가 되지 못할지라도 작은 일에 위대한 자가 되게 하소서."

성공하려는 사람들은 작은 일들을 소홀히 하는 경우가 많다. 바깥일에 비해 가정에서의 남편 노릇, 아버지 노릇을 작은 일로 치부해 버리고 무시하기도 한다.

클립베르 목사는 미국의 매우 큰 교회에서 목회를 하고 있었다. 그런데 어느 날 갑자기 아내가 의식불명이 되었다. 그는 즉시 교회를 사임했다. 간병인을 구해 아내를 돌볼 테니 목회 일에 전념해 달라는 교인들의 간곡한 만류를 뿌리치고 끝내 교회를 떠나면서 그는 이런 말을 남겼다.

"교회 일은 나 말고도 대신할 사람이 있습니다. 그러나 남편 역할은 대신할 사람이 없습니다. 나보다 아내를 더 사랑하는 주님이 데려가시는 그날까지 아내는 남편인 내가 돌보아야 합니다."

남편이라는 뜻의 영어 단어 'Husband'의 어원은 'House Band'이다. '가정을 하나로 묶는 존재'라는 뜻이다. 회사 일은 다른 사람이 할 수 있다. 그러나 남편 노릇, 아버지 노릇은 대신할 사람이 없다. 그러하기에 로버트 라이시나 클립베르 목사는 가족의 진정한 가치를 깨달은 사람들이라 할 수 있다.

가정도
경영이 필요하다

　　기업 경영이 중요하듯이 가정 경영도 중요하다. 기업 경영을 잘해도 가정 경영을 잘 못하면 어떻게 될까?
　　벤처 사업으로 성공해 잘나가던 후배가 있었다. 밤새워 일하며 회사를 일구었다. 애쓴 보람이 있어 코스닥에 상장할 만큼 사업 기반이 튼튼해졌다. 그런데 어느 날 갑자기 회사가 잘못되었다는 소식이 들려왔다. 가정불화가 사업에까지 영향을 미친 탓이었다. 후배가 직장에서 밤을 새우며 일에 몰두하는 동안 가정은 병들어 갔다. 사업 경영에는 열을 올려 성공했지만 가정 경영에는 실패한 것이다. 결국 부도가 나고 애써 일군 회사는 코스닥에서도 퇴출되고 말았다.
　　가정이 건강할 때 개인도 기업도 성공한다. 성공한 사람들에게는 남과 다른 특별한 것이 있는데, 바로 가정이 행복하다는 것이다. 아침 키스를 받고 출근하는 남편의 연봉이 더 높다는 보고 말고도 행복한 가정이 성공을 가져온다는 보고는 많다.

미국 국세청에서 납세자 가운데 상위 1퍼센트에 속하는 부자들을 조사한 일이 있다. 그랬더니 백만장자의 대부분이 첫 결혼을 평생 유지했을 뿐 아니라 부부 사이도 좋았다고 한다. 부자들은 돈이 많으니 날마다 향락에 젖어 살며 배우자도 마음 내키는 대로 갈아 치울 것이라는 생각은 속된 착각일 뿐이다.

그런가 하면 자수성가한 부자들을 조사했더니 성공의 가장 큰 요인으로 '아내의 뒷바라지'가 꼽혔다. 부모로부터 유산을 한 푼도 물려받지 않았지만 결혼 하나 잘해서 큰 부자가 된 것이다. 부부간의 사랑이 성공으로 가는 지름길이었던 셈이다.

반면 가정불화는 종종 사업 실패로 이어진다. 일본에 '7전 8기회'라는 모임이 있다. 사업을 하다가 부도가 나 어려움을 겪는 사람들이 재기를 꿈꾸며 지혜를 나누고자 결성한 모임이다. 이들이 모임을 계속하다 어느 날 중요한 사실 하나를 깨달았다. 자신들에게 한 가지 공통점이 있었는데, 대부분이 부도가 나기 전에 심각한 가정 문제를 겪었다는 것이다. 심한 부부 갈등으로 가정이 불행했거나 아예 별거 중인 사람들도 있었다.

특히 아내의 충고는 듣지 않으면서 남의 부탁이라면 거절하지 못하는 우유부단한 사람들이 많았다. 필요할 때 'No'를 못 하고 질질 끌려다니는 스타일로, 밖에서는 사람 좋다는 평을 듣지만 아내에게는 최악인 남편들이었다. 외도 문제로 고민하면서도 결단을 내리지 못하고 7부 능선을 넘어 끌려가다가 사업이 망가진 사람도 있었다. 불행한 가정이 부도와 사업 실패의 통로였던 것이다.

늦었지만 이제라도 가정의 소중함을 깨달은 이들은 사업 재기에 앞서 가정 회복 운동을 펼치고 있다고 한다.

이제는 일을 목표로, 성공을 핑계로 가정에 무심한 사람은 더 이상 환영받지 못한다. 가정 경영의 실패는 개인의 차원을 넘어 기업과 국가의 차원에서도 엄청난 비용 부담과 손실을 가져오기 때문이다. 그러므로 당신이 진정한 실력을 갖춘 사람이 되고 싶다면 먼저 행복한 가정 만들기에 온 힘을 기울여야 한다.

가정 경영의
리스크 관리

왜 행복의 희망에 부풀었던 결혼이 재난으로 바뀌는 걸까? 옛날에는 한 번 결합은 영원한 결합이었다. 여자는 결혼하면 죽어서도 그 집 귀신이 되어야 한다고 믿었다. 그러나 지금은 아무도 그렇게 생각하지 않는다. 가정문화가 광속으로 바뀌고 있다. 가부장적 사고방식은 더 이상 설 자리가 없다. 그런데 많은 남편들이 이를 따라가지 못해 어려움을 겪는다.

평소 잘 아는 한 중소기업 사장도 황혼 이혼을 당했다. 회사 경영은 그런대로 탄탄하게 해 왔으나 가정 경영은 제대로 하지 못했다. 가정이 흔들리면서 어느 때부터인가 좌불안석으로 흔들리고, 실의와 좌절감에 빠져 헤어나지 못하더니 결국 회사가 파산하고 말았다. 가정을 버려두고 일에만 몰두하는 사이 아내와의 갈등은 손댈 수 없이 깊어졌다. 하루도 떨어져 살지 못할 것처럼 사이

좋던 부부가 이제는 한시도 같이 살 수 없는 사이가 되고 말았다. 그의 아내는 결별을 택해 모든 수속을 마치고 자녀들과 함께 외국으로 떠나 버렸다. 지난 연말 송년회에서 알코올에 절어 유행가를 읊조리며 흐느끼던 그의 모습은 정말 애처롭기만 했다.

"그토록 사랑했던 그 사람 잃어버리고 타오르는 내 마음만 느껴 우네. 그토록 믿어 왔던 그 사람 돌아설 줄이야, 예전에는 몰랐었네 진정 난 몰랐네……."

갑작스러운 이혼은 정신적 공황이 올 만큼 커다란 충격이다. 이혼한 여자의 65퍼센트가 후회하며 절대 이혼하지 말라고 한다. 남자들은 80퍼센트가 후회한다. 그러나 이렇게 비극적인 이혼의 사유도 알고 보면 지극히 사소한 일에서 비롯된다. 남북통일과 세계 평화 문제로 갈라서는 부부는 없다. 불쑥 내던진 말 한마디, 퉁명스러운 표정, 평소의 무관심이 쌓이고 쌓여 갈등이 증폭되고 부부 사이가 냉랭해진다. '사랑의 비극은 서로 떨어져 있음이 아니라 무관심'인 것이다.

이혼은 어느 날 갑자기 찾아오는 것이 아니다. 반복되는 일상 속에 삶의 터전을 흔드는 위험 요인들이 있다. 은행 통장이나 토지 문서는 잘 알아도 건강이나 가정 문제에 대해선 모르고 사는 게 우리들의 일상 아닌가. 일상 속으로 살금살금 스며들어 안에서

부터 가정을 파괴하는 지뢰들을 살펴야 한다. 지금 함께 가던 배우자의 발걸음이 몇 도쯤 돌아가 있는지를 살펴보라.

기업이 위기에 강한 체질이 되려면 평소 리스크 관리를 잘해야 하는 것처럼 가정 경영에도 리스크 관리가 필요하다. 사업을 위해서는 물 샐 틈 없이 위협 요인을 분석하고 관리하면서 왜 가정을 위해서는 그렇게 하지 않을까? 밤새워 일에만 묻혀 살면 성공이 보장될까? 성공의 열매가 곧 승리의 면류관일까?

아니다. 가정 방치의 결과는 가정 해체라는 냉엄한 현실로 돌아온다. 그러므로 위기를 대비하여 사랑이 넘치는 가정을 만들라. 평소에 가족에 대한 사랑과 관심을 저축하라. 당신이 어려움에 처했을 때, 행복한 가정은 그 어떤 보험보다 든든한 백이 되어 줄 것이다.

은퇴 남편 증후군

"일 놓자 숨 놓는다"라는 말이 있다. 평생 일이 전부였던 사람들은 은퇴하고 나면 삶의 의미가 송두리째 사라지는 것 같은 공허감을 느낀다. 그래서 은퇴 후에 극심한 우울증에 시달린다. 일종의 심리적인 공황기를 겪는 것이다.

은퇴 후 6개월에서 1년 사이에 급격히 건강이 악화되는 사람도 있다. 갑자기 백발이 되거나 폭삭 늙기도 하고 심지어는 일찍 숨을 거두기도 한다. 그런가 하면 극심한 부부 갈등으로 심적 고통을 겪는 사람들도 있다. RHS(Retired Husband Syndrome), 즉 '은퇴 남편 증후군'이라는 열병을 겪는 것이다.

평생을 일 중심으로만 살아온 탓에 겪는 노년의 시련이다. 성공을 향해 내달리던 젊은 시절에는 아내도, 자녀들도, 친구도 보이지 않았다. 평생 하숙생 노릇을 하다 집에 들어앉으니 허전하고 답답하고 쓸쓸하다. 평소 대화가 없던 아내나 불쑥 커 버린 자식들은 낯설고 서먹서먹하기만 하다.

나이가 들수록 삶의 외로움을 느끼는 쪽은 남자이다. 여자는 마흔을 넘기면서부터 여성호르몬의 분비가 줄면서 점차 중성화된다. 그래서 젊었을 때와 달리 대담해지고 터프해진다. 나이가 들면 여우 같던 아내도 호랑이로 변한다. 반면 남자도 남성호르몬 분비가 줄면서 점점 기백이 사라지고 소심해진다. 젊어서 아내를 호령하던 기세는 사라지고 호랑이 같은 아내에게 '깨갱!' 꼬리를 내린다.

젊었을 적엔 전권을 휘두르고 살던 나도 이제는 아내에게 잘 보이기 위해 설거지를 도맡는다. 늙어서 구박받지 않으려는 생존 전략이자 노후 대책이다. 한마디로 일찍 주제 파악을 한 것이다.

전 세계적으로 100세를 넘어 장수한 노인들을 보면 유독 부부 금실이 좋다고 한다. 독신 노인들이 고독과 우울증에 시달리는 반면 화목한 부부는 정서적 안정감과 심리적 행복감을 누리기 때문에 건강하게 장수하는 것이다.

그러므로 노년을 건강하고 풍요롭게 살기 위해서는 스위치 오버(Switch over)가 필요하다. 일 중심에서 관계 중심으로 삶을 변환해야 한다. 부부 사이가 좋으면 노년의 행복이 보장된다. 끝이 좋으면 다 좋다! 노년이 행복하면 그 인생은 성공한 것이 된다. 반면 젊었을 때는 큰소리 떵떵 치며 살았어도 늙어서 마음 붙일 곳 하나 없이 고독하다면 과거 영광의 빛은 바래고 만다.

　이제 수명 백 세 시대에 돌입했다. 앞으로 노년기는 더욱 길어질 것이다. 목표지향적, 일 중심적으로 살아가는 사람들이여! 기나긴 노년기를 건강하고 행복하게, 젊고 의미 있게 살고 싶다면, 지금 한 살이라도 젊었을 때 배우자를 위해 자신을 투자해야 한다.

가정은
패러데이의 새장

　　인간은 처음부터 누군가를 사랑하고 사랑받으면서 그 속에서 자신의 존재 의미를 실현하도록 창조되었다고 한다. 피를 토하듯 노래하기로 유명한 가수 에디트 피아프는 "죽음보다 더 두려운 것은 외로움"이라고 했다. 그녀의 말처럼 아담의 후손인 우리는 누구나 고독을 두려워한다.

　먼 여행길을 혼자서 간다고 생각해 보라. 벅차고 외롭고 힘들다. 그러나 함께 갈 사람이 있으면 위로가 되고 힘이 된다. 인생의 길도 그렇다. 혼자서는 힘들지만 둘이라면 용기를 내어 끝까지 갈 수 있다. 극복하기 어려운 재난을 당해도 도와주고 보살펴 주는 사람이 있으면 다시 일어설 수 있다.

　영화 〈슈퍼맨〉의 주인공 크리스토퍼 리브를 기억하는 사람이 많을 것이다. 그의 건장한 체격과 잘생긴 얼굴은 많은 사람들의 부러움을 샀다. 그러나 그는 1995년에 승마를 즐기다가 말에서 떨어져 목뼈가 부러지는 큰 사고를 당했고, 하루아침에 몸을 전혀 움직일 수 없는 전신마비 장애인이 되고 말았다. 실의에 빠진 그가 할 수 있는 일이란 온종일 침대에 누워 자살을 궁리하는 것뿐이었다. '어떻게 하면 창문으로 가서 뛰어내릴 수 있을까?'

의사가 재활 운동을 권했지만 그에게 삶의 의욕이라곤 조금도 남아 있지 않았다. 갑자기 장애인이 된 자신의 처지를 인정할 수 없었고, 다시 움직일 수 있으리라는 희망도 가질 수 없었다. 그러던 어느 날, 아름다운 아내 다나가 그의 뺨에 입을 맞추며 조용히 속삭였다.

"당신은 여전히 내게 멋진 남자예요. 나는 당신을 예전보다 더 사랑하고 있답니다."

리브는 아내의 격려 한마디에 큰 용기를 얻었다. 그래서 열심히 재활 운동을 한 끝에 손과 발을 조금씩 움직일 수 있게 되었고, 마침내는 영화에 출연해 멋진 연기를 보여 주기까지 했다. 다시 영화에 출연하면서 그는 밝은 표정으로 이렇게 고백했다.

"저는 건강할 때는 가정이나 아내에 대해 무심한 편이었습니다. 삶의 위기를 겪고 나서야 아내의 사랑이 무엇과도 비교할 수 없는 소중한 것임을 깨달았습니다. 아내가 없었다면 저는 끝내 자살했을 것입니다."

리브의 고백처럼 가정이란 우리가 늘 호흡하는 공기와 같아서 평소에는 고마움을 모르고 지나친다. 그러나 커다란 위기에 맞닥뜨렸을 때 가정은 안전한 피난처이자 안식처가 되어 준다. 가족은 절망 속에서 새로운 용기를 찾게 하는 심리치료사의 역할을 한다. 리브가 장애를 극복하고 제2의 인생을 살게 된 데는 의사의 치료보다는 사랑하는 아내의 힘이 더 컸다.

반면 냉담하고 메마른 부부 사이는 사람을 더욱 고독 속으로 몰아넣는다. 위기가 닥쳐도 기댈 수 없다. 때로는 몹시 안타까운 결과를 낳기도 한다.

주위에 모두가 부러워할 만큼 잘나가는 사람이 있었다. 금융계의 핵심 인사로 승승장구하던 그는 하루 24시간을 매우 정력적으로 살았다. 새벽 별을 보고 집을 나서 스포츠 센터에서 체력을 단련하고 나면 한밤중에 퇴근할 때까지 그야말로 일밖에 모르는 사람이었다.

그런 그가 이사 승진을 앞두고 돌연 자살을 했다. 성공의 정점에서 그가 왜 자살을 택했는지는 알 수 없다. 다만 자살을 택해야 할 만큼 절박한 상황 속에서 가족으로부터 아무런 도움을 받지 못했던 것만은 확실하다. 평생 일에만 매달려 살던 그는 가족과 진정한 대화를 나눠 본 적이 없었다. 아내에게 자신의 번민을 이야기하고 위로받을 수도 없었다. 만약 그가 아내와 친밀한 부부관계를 맺어 왔다면 그렇게 고독한 죽음을 맞지는 않았을 것이다.

'패러데이 새장 효과'라는 게 있다. 새장에 전류가 흘러도 새장 속의 새는 안전하다는 이론이다. 비행기가 악천후 속을 날 수 있는 것도 패러데이 새장 효과를 이용한 방전 시스템 덕분이다. 실제로 번개가 쳐도 비행기 안이나 자동차 안에 있는 사람들은 안전하다. 사랑이 있는 가정은 패러데이의 새장과 같다. 번개가 치고 벼락이 떨어져도 내 가정 안에서라면 안전하다. 가족의 품에서 쉬다가 날씨가 개면 그때 다시 세상으로 나가면 된다.

반면 사랑이 없는 가정은 작은 재난에도 쉽게 무너진다. 과거 IMF라는 국가적 위기 속에서 삶의 의욕을 잃고 거리를 전전하는 노숙자들이 많이 생겨났다. 그러나 그들이 노숙자가 된 진짜 이유는 사업 실패나 실직이 아니었다. 그들 가운데 상당수가 이미 심한 가정불화를 겪고 있었다고 한다. 그들을 거리로 내몬 것은 경제 위기가 아니라 불행한 가정이었던 것이다.

당신의 가정은 어떤가? 가족 중 누구의 실패라도 넉넉히 끌어안고 품어 줄 수 있는가? 어떤 위기나 재난이 닥쳐와도 꼭 끌어안고 웃을 수 있는 가족이 있다면 당신은 행복한 사람이며 이미 성공의 길에 접어든 사람이다.

부부 갈등을 악화시키는 위험 요인 4가지

1요인 - 비난하기
배우자의 행동이 마음에 차지 않을 때 인신공격하기
"당신은 왜 만날 하는 일이 그 모양이야?"
"어떻게 제대로 하는 게 하나도 없어!"
"그럴 줄 알았어. 당신 하는 일이 뻔하지, 뭐."
"온종일 집에서 뭐 하는 거야?"

2요인 - 경멸하기
배우자에 대한 불만에 가득 차서 평가절하하고 모욕 주기
"웃기고 있네. 말이 되는 이야기야, 그게?"
"당신이 나한테 해 준 게 뭐가 있어?"
"책 좀 봐라. 어쩌면 그렇게 아는 게 없냐?"
"벼룩도 낯짝이 있지. 어떻게 그렇게 뻔뻔해!"

3요인 – 자기 방어하기

'나에겐 문제가 없다'라는 태도로 일관하며 '그러니까 네 잘못이다'라고 은근히 반격하기, 잘못을 인정하지 않고 변명하기

"내가 언제 그랬어?"

"당신도 그러잖아?"

"알았어, 알았다니까. 1절만 해."

"나 원래 그래. 몰랐어? 그래서 나보고 어쩌라고."

4요인 – 담쌓기

배우자에게 깊이 실망하여 침묵으로 일관하기. 담쌓기가 오래되면 두 사람 사이가 더욱 멀어진다.

"됐어. 그만해."

이야기하는데 귀 틀어막기.

이야기하는데 TV 크게 틀기.

그냥 나가 버리기.

"비난, 경멸, 자기방어, 담쌓기는 이혼의 지름길이므로 피하라." — 가트맨

6장

친밀한 대화,
아름다운 성

©Bruce Hong/Unsplash.com

손을 잡고
눈을 맞춰라

부부들이 우리 상담실에 찾아올 때면 공통적으로 힘겹다며 먼저 하소연을 한다.

"정말 마음 안 맞아 못 살겠어요."

배려가 없고 염치도 없으며 무례하고 폭언까지 하니 도저히 못 살겠다는 것이다. 내가 들어 봐도 정말 살 수가 없을 것 같다. 그렇게 오는 부부간에는 소통도 부족한 경우가 많다. 한집에 사는 부부지만 바쁘다 보니 또 이렇게 으르렁거리고 멀어졌으니, 서로 다정하게 얼굴 한번 쳐다 본 적이 까마득할 것이다. 당연히 스킨십을 나누는 일에서도 멀어진 지 오래다.

우리는 상담 첫날에 부부를 마주 앉게 하고 손을 맞잡고 서로의 눈동자를 바라보라고 한다. 2분가량 가만히 바라보게 한 후 묻는다.

"손잡으니까 어때요? 눈을 쳐다보니 마음이 어땠어요?"

"좋아요. 마음이 부드러워지고 따뜻해져요. 측은한 마음이 드네요."

"언제부터 손을 잡지 않았고 서로 마주 보지도 않았나요?"

"글쎄요. 언제부터인지도 모르겠어요."

언제부터인지 모르지만, 손도 안 잡고 눈을 마주치는 일도 없이 수개월 혹은 몇 년이 지나면 서로 무관심해지고, 말도 곱게 안 나가고, 짜증도 난다. 그러다 보니 냉랭해지고 마음에서 멀어진다.

"눈에서 멀어지면 마음에서도 멀어진다"라는 말이 있다. 아이를 돌보는 일에 치여서, 너무 피곤해서, 일에 바빠서라는 핑계가 정당하긴 하다. 그런 이유들로 언제부터인가 서로 손을 잡거나 포옹을 하거나 가벼운 스킨십도 다 잊고 살다 보니 서로 만지는 일에 일에 무심해졌다. "아니, 이만큼 살았는데 뭘 새삼스레 그런 짓을 해요?"라고 말하기도 한다.

아이들도 스킨십이 부족하면 자존감이 낮아지고 자신감도 없어진다. 면역력이 떨어져서 감기도 잘 걸린다. 때로는 욕구 충족을 위해 폭력적이 될 수도 있다. 그럼 스킨십은 사람에게만 필요할까? 아니다. 강아지나 고양이도 만져 주어야 하고, 화초까지도 만짐이 보약이다. 어른도 마찬가지로 스킨십이 필요하다. 모든 인간은 서로 만짐을 받고 만져 주는 일을 통해 안정감을 느낀다.

마음 안 맞아 못 살겠다고 하지 말고, 먼저 부드러운 시선으로 눈을 맞추어 보고 손도 한번 슬쩍 잡아 보자. 마음이 한결 따뜻해지고 편안해진다. 그래서 조금씩 스킨십을 늘려 가면 마음이 부드러워지는 것을 경험하게 된다. 그러면 자연히 마음도 맞게 되고 쿵짝이 잘 맞는 부부가 된다.

싫은 사람은 만지고 싶지 않다. 만진다는 것은 마음이 있고 사랑이 남아 있음을 뜻한다. 그러니 마음이 안 맞는다고만 할 게 아니라 그 전에 먼저 부드러운 스킨십으로 다가갈 필요가 있다.

남편들이여, 아내에게 다가갈 때 가장 먼저 스킨십으로 다가가라. 가정이 1차 사업장이요, 최우선순위의 일터도 가정이다. 세계를 누비며 사업을 하고 일을 한다 해도 가장 먼저 돌보고 관심 가져야 할 곳은 가정이다. 가정이 어려워지면 모든 일이 말짱 도루묵, 사상누각이다. 첫 번째 돌봐야 할 대상은 내 아내이고 내 자녀이다. 가정이 행복해야 사업도 행복하다.

어디를
만져야 할까?

사람은 피부를 자주 어루만져 주어야 한다. 온몸에 접촉수용체를 가지고 태어났기 때문이다. 피부를 만지면 세포막에 연결된 단백질이 활성화되어 건강해진다. 육체적 접촉이 결핍된 아이들은 '마라스무스'(Marasmus)라는 특이한 병에 걸린다. 흔히 영양실조증으로 알고 있는 이 병은 어린아이들이 특별한 원인 없이 시들어 가다가 죽음에 이르는 병이다.

이 병을 발견한 르네 스피츠 박사는 버려진 아이들을 돌보는 국립병원의 원장이었다. 그는 병원에 수용된 아이들이 충분한 영양을 공급받는데도 잘 자라지 못하고 시들시들 죽어 가는 이유를 알 수 없었다.

그러던 중 멕시코로 휴양을 떠났다가 빈민촌의 고아원에 맡겨진 아이들을 보았다. 시설이나 영양 상태가 자신의 병원보다 훨씬 뒤떨어지는데도 불구하고 아이들은 건강하게 잘 자라고 있었다.

스피츠 박사는 오랜 관찰과 연구 끝에 이 아이들이 날마다 찾아오는 자원봉사자들로부터 따뜻한 사랑과 보살핌을 받는다는 것을 알았다. 자원봉사자들이 늘 안아 주고 쓰다듬어 주고 이야기를 들려준 덕에 아이들이 밝고 건강하게 자란 것이다.

실제로 갓 태어난 아기를 엄마로부터 떼어 내 신체적 접촉을 막으면 분유를 잘 먹여도 면역결핍증에 걸려 잘 자라지 못한다. 사람은 먹을 것만 주면 성장하는 생명체가 아니다. 사랑과 감동을 먹고 사는 존재이다. 부모와 신체적 접촉이 많은 아이들이 건강하고 두뇌도 더 발달하며 정서적으로도 훨씬 안정된다. 캘리포니아의 임상의사 빌 존스는 가출 청소년의 90퍼센트 이상이 접촉결핍증에 걸려 있다고 했다. 그만큼 만져 주는 것이 중요하다.

오늘날은 사는 것이 바빠서 가족 간의 접촉이 결핍되어 있다. 옛날 대가족 시절에는 함께 사는 가족이 많다 보니 신체적인 접촉이 훨씬 풍부했다. 엄마 아빠가 바빠서 만져 주지 못하면 할머니, 할아버지, 고모, 삼촌 들이 다투어 안아 주고 업어 주었다. 병원이 없던 시절에 배가 아플 때 "엄마 손은 약손, 할머니 손은 약손!" 하면서 배를 문지르고 만져 주면 신기하게도 나았다. 만져 주면 치유가 되는 것이다.

부부간에도 자주 안아 주고 만져 주는 일이 필요하다. 자꾸 만져야 정서적 안정감을 얻는다. 그런데 만지긴 만지되 어디를 어떻게 만져야 할까? 아내들은 어디를 만져 주는 것을 가장 좋아할까?

한번은 강연이 끝나고 나서 한 남자가 조용히 나를 찾아와서는 쑥스럽게 물었다.

"아까 선생님께서 아내를 자꾸 만져 주라고 하셨는데 어디를 만져야 할까요?"

어디를 만져야 할까? 남녀가 다르다. 아내는 몸만이 아니다. 바로 '마음'이다. 아내들은 마음을 만져 주어야 한다. 남편들도 그럴까? 아니다. 남편들은 몸을 만지는 것을 더 좋아한다. 그것밖에 모른다. 그래서 짐승이라는 말을 듣는다.

그런데 보이지 않는 마음을 어떻게 만져 주어야 할까? 부드럽고 따뜻한 말로 만져 주어야 한다. "힘들었지?" "수고했어" "사랑해" "당신 참 예뻐" "고마워" 이런 달콤하고 부드러운 말로 관심을 가져 주고 배려하는 것이 마음을 만지는 것이다.

물론 부부 사이에 서로 몸을 만져 주는 것은 멋진 일이다. 자주 키스하고 포옹하고 만지자. 그러나 마음을 만져 주는 것은 훨씬 더 멋진 일이다. 그러니 먼저 아내의 마음과 감성을 만져 주어라. 그리고 몸도 마음도 만지자.

만지는 것은 좋은 것이다. 만지는 사람이나 만져지는 사람 모두에게 좋은 일이다. 싫어하는 사람과는 접촉도 하기 싫지 않은

가. 이처럼 만진다는 것은 정겹다는 말이기도 하다. 그러니 많이 만지며 살자. 그렇다고 아무나 함부로 잘못 만지는 것은 범죄 행위나 마찬가지이니 만지되 정당한 사람을 만져라. 공식적으로 만짐을 허락받은 부부끼리 때와 분위기에 맞게!

행복한 성생활의 조건

성과 관련해서 이런 유머가 있다.

한평생 부부로 살다가 돈 많이 벌어 놓고 죽은 남편은 '멋진 놈'이라고 한다. 병을 치료하겠다고 있는 돈 없는 돈 다 긁어다가 끝까지 다 쓰고 죽은 남편은 '질긴 놈'이다. 그런가 하면 돈은 없어도 힘이 있으면 '천만다행'이고, 돈도 없고 힘이 없어 제구실도 못 하는 남자는 '미친놈'이라고 한단다.

성은 창조주가 인간에게 준 최고의 선물이다. 부부의 성은 단순한 육체적 결합이 아니다. 정서적, 정신적으로도 하나가 되는 것이다. 부부간에 이루어지는 성은 세상에서 가장 친밀하고 아름다운 소통이고 대화이다. 그러므로 성생활의 만족도는 부부간의 하나 됨과 친밀도를 말해 주는 척도가 된다.

성에 있어 중요한 것은 횟수가 아니다. 얼마나 깊이 하나 됨을 체험하는가 하는 것이다.

10대에 분출되는 호르몬은 미친 호르몬이라고 한다. 20대에 넘쳐흐르던 정력은 30대만 되어도 폭풍이 물러간 후의 바다처럼 잔잔해진다. 40대가 되면 부부가 성적 흥분을 느끼지 못하는 무덤덤한 사이가 된다. 50대에 이르면 서로 등을 돌리고 잔다. 60대 부부는 함께 있어도 각방 살이를 한다. 그럼 70대 부부는 어떨까? 배우자가 어디 있는지 아예 모른다는 우스갯소리가 있다.

그러나 부부의 성생활이 꼭 나이와 상관있는 것은 아니다. 나이가 들어도 여전히 성적 흥분을 간직할 수 있고 행복한 성생활을 유지할 수 있다. 남자는 문지방 넘어갈 힘만 있어도 성생활이 가능하다. 성에 있어 중요한 것은 산술적인 나이가 아니다. 70~80대에도 긴강한 성을 누릴 수 있다. 한 80세 할아버지에게 할머니가 언제 가장 매력적이냐고 물었더니 "샤워하고 나올 때가 가장 매력적이야"라고 대답했다고 한다.

부부가 행복한 성을 누리려면 평소에 친밀한 관계를 유지해야 한다. 침대 밖에서의 친밀감이 침대 위에서의 환상적인 결합으로 이어진다. 마음의 상처나 분노가 깊을 때 마구 들이대며 성관계를 요구한다면 행복한 성생활은 더 멀어지고 어려워진다. 성에 있어 몸보다 정서적 준비가 중요한 여자들에게 남편의 강제적인 요구는 강간에 가깝다.

부부가 멋진 섹스 파트너가 되기 위해서는 '성이란 나보다는 상대의 즐거움을 위한 것'이란 생각을 가져야 한다. 특히 남편들은 아내를 위해 남녀 간의 성적 차이를 연구해야 한다. 남자들이 육체적 자극에 민감하고 언제나 실전을 치를 준비가 되어 있는 반면, 여자들은 정서적인 자극에 더욱 민감하고 실전까지 많은 준비와 시간이 필요하다. 때로 여자들은 섹스 자체보다 따뜻한 포옹이나 애무를 더욱 갈망하기도 한다.

여자들은 예민하고 섬세한 존재이다. 남자의 정서가 굵은 동아줄이라면 여자들의 정서는 거미줄과 같아서 빗방울 하나에도 요동을 친다. 여자의 몸을 열기 위해서는 마음을 먼저 열어야 한다. 즉 성적인 흥분에 이르기 위한 전희는 침대 위에서가 아니라 생활 속에서 언제나 이루어져야 한다는 뜻이다.

침대 밖에서 이루어지는 전희란 바로 친밀한 대화와 따뜻한 스킨십이다. 평소 서로에게 완전히 열린 마음을 가지고 있을 때 부부는 비로소 근사한 섹스 파트너가 될 수 있다.

정서적·육체적으로
유익한 성

성은 최고로 친밀한 소통이다. 부부간에 이루어지는 성은 세상에서 가장 아름다운 대화이다. 부부의 성은 단순한 육체적 일치만이 아니다. 정서적으로 교감하는 희락도 있다.

성생활은 부부 관계의 정서적 기상도를 알려 주는 바로미터이기도 하다. 성에 있어 중요한 것은 횟수가 아니다. 얼마나 깊이 있게 하나 됨을 느끼는가이다. 《내몸 아름답게 만들기》(*You: Being Beautiful*)의 저자 마이클 로이젠 박사와 메멧 오즈 박사는 "주 3회 정도 성관계를 갖는 남성은 그렇지 않은 사람보다 심장병, 뇌졸중을 50퍼센트 줄일 수 있다. 여성에게도 장수에 도움이 된다"라고 했다. 물론 노년의 이야기는 아니다. 또한 오즈 박사는 "부부 관계를 월 1회에서 주 1회 이상으로 바꾼 사람은 5만 달러를 얻은 만큼 행복지수가 올라간다"라고 했다.

정기적인 성관계의 만족은 각종 호르몬 분비를 촉진하여 노화를 지연시킨다. 건전한 성생활은 나쁜 콜레스테롤을 감소시켜 각종 심혈관 질환을 예방한다. 체내 세포의 산소량을 증가시켜 몸의 각 기관과 조직의 기능이 활성화된다. 심폐 기능이 강화되며 다이어트 효과도 있다. 긴장, 이완의 반복으로 면역력을 강화시키기도 한다. 그외에도 골다공증을 예방하고 전립선 및 자궁의 건강 유지 등 많은 신체적 유익이 있다.

또한 부부간의 성은 육체적인 것에만 한정되지 않는다. 육체적으로 작동이 안 되도 정서적으로 성의 즐거움을 누릴 수 있다. 정신적 유익도 크다. 스트레스가 해소된다. 호르몬의 분비로 무력감에서 벗어나 활력을 찾는다. 마음의 안정을 이룬다. 우울한 느낌에서도 벗어날 수 있다. 자신감을 갖게 된다. 호르몬의 분비는 피부도 아름답게 유지시킨다. '사랑을 하면 예뻐져요'라는 가사는 단순한 노랫말이 아니라 과학적으로도 사실이다.

10대와 20대에는 남녀가 같이 있기만 해도 호르몬이 용출된다. 특히 10대는 피부만 스쳐도 호르몬이 쭉쭉 뻗어 나온다. 오죽하면 10대의 분출되는 호르몬을 미친 호르몬이라고 할까. 주체할 수 없을 만큼 넘쳐흐르던 성적 에너지도 30대가 되면 약해지기 시작한다.

요즈음 30~40대에도 섹스리스(sexless) 부부가 의외로 많다. 치열하고 각박한 사회, 각종 스트레스로 기진맥진하기 때문일 수도 있고, 감정의 골이 깊거나 정이 없기 때문일 수도 있다. 중년이 되면서 부부는 나란히 누워도 무덤덤한 사이가 되기도 한다.

    나이가 들면 성적인 에너지가 떨어지는 것은 자연스러운 현상이다. 그러나 지금은 의학적으로 도움 받는 방법도 얼마든지 있다. 성이 나이와 관계가 없는 세상이 되었다. 부부가 성적으로 만족을 누리고 있다면 부부 갈등도 그만큼 사라질 것이므로, 나이를 탓하지 말고 적극적으로 부부간의 성적 만족감을 누릴 방법을 연구해 보길 권한다.

결혼할 때
35억 명을 포기했다

"아내는 여자보다 아름답다"라는 문구가 유행한 적이 있었다. 여인들의 마음을 단번에 사로잡는 문구가 아닐 수 없다. 하지만 남자들도 이 말에 동의할까? 정말 그렇게 생각하는 남자는 얼마나 될까?

내 아내는 내가 전화 받는 소리만 옆에서 들어도 통화하는 사람이 여자인지 남자인지를 알아챈다. 상대가 여자라면 젊은 여자인지 나이 많은 여자인지까지도 신기하게 구분한다. 그게 신기해서 물어 봤더니, 내가 젊은 여자와 통화 할 때면 목소리와 말투뿐 아니라 얼굴 표정까지 바뀐다는 것이다. 원래 여자들은 육감이 발달해 있다. 내 아내 역시 그런 쪽으로는 아주 미세한 변화까지도 민감하게 눈치를 챈다.

만약 남자가 무뚝뚝한 말투로 통화하며 이야기가 채 끝나기도 전에 서둘러 전화를 끊어 버렸다면 그 대상은 아내일 것이다. 반면 최대한 예의를 갖추어 부드럽고 상냥하게 전화를 받는다면 상대는 여자, 그것도 젊은 여자일 확률이 높다.

한 중년 사장의 이야기다. 하루는 회사 일로 뛰어다니느라 지쳐서 온몸이 파김치가 되어 집에 들어갔다. 집에서 소파에 늘어져 때 갑자기 휴대폰이 울렸는데 전화를 건 사람은 거래처의 젊은 여직원이었다. 그는 자기도 모르게 벌떡 일어나서는 친절하고 다정한 목소리로 상냥하게 전화를 받았다. 그러자 그 모습을 곁에서 지켜보던 아내가 한마디 했다.

"자알 논다. 마누라가 잘 다녀왔냐고 인사할 때는 대꾸노 안 하더니, 젊은 여자한테 전화가 오니 표정부터가 다르네. 쯧쯧……. 다른 여자한테 하는 거 반만큼만 마누라한테 해 봐라."

자신한테 무관심한 남편이 다른 여자들한테 다정스럽게 대하는 것을 보면서 아내는 속이 상했다.

남편들은 왜 그럴까? 이미 내 여자가 되어 늘상 옆에 있으니 소중함을 모르는 것일까? 남편이 안 챙긴다면 그 아내들은 누구에게 소중한 대접을 받을 수 있단 말인가?

한 시인이 말했다.

"남편들이 친구들에게 베푸는 정도의 매너만 아내에게 베풀어도 결혼생활의 파탄은 줄어들 것이다. 버림받은 여자, 실연당한 여자, 떠도는 여자, 죽은 여자, 그러나 그보다 더 불쌍한 여자는 잊힌 여자이다."

남편의 무관심 속에 버려진 아내야말로 잊힌 여자가 아닐까?

사랑의 시작은 관심이다. 관심은 곁에서 늘 지켜봐 주는 것이다. 무관심은 증오보다 무섭다. 증오는 차라리 사랑의 또 다른 표현일 수 있다. 사랑의 적, 사랑을 해치는 가장 큰 독소는 증오가 아니라 무관심이다. 남편이 사회에서 타인을 대하는 태도의 반만큼만이라도 아내한테 잘해줘 보라. 아내가 웃음과 행복으로 포만할 것이다.

아내는 이 세상 수많은 여자 중에 하나뿐인 내 여자이다. 한 여자와 결혼할 때 남자들은 35억 명의 여자를 포기한 것이다. 이미 포기한 여자들은 모두 그림의 떡일 뿐이다. 그림의 떡을 먹으려 하니 사달이 난다.

아내들이 바라는 5가지

 부부는 기막힌 인연이다. 70억 인구 중 어쩌다 눈이 맞아 한평생을 같이 산다. 일상을 같이하기에 좋아하는 감정과 싫어하는 감정이 서로 공존할 수밖에 없다. 사랑으로 얽히고 징으로 얽히며 살아간다. 애증과 갈등으로 서로 상처 입기도 한다. 매일 일상을 나누기에 갈등이 있을 수밖에 없다. 그 갈등에 어떻게 대응하느냐에 따라 행과 불행이 갈린다. 정이란 갈등을 사랑으로 풀어낸 감정이고, 미움이란 갈등을 상처로 녹여 낸 마음이다.

 서로 다른 사람이 만나 같이 살면서 서로에게 기대하는 게 있다. 그러나 둘은 서로 다른 존재이다. 남편들은 육체지향적인 데 반해 아내들은 정서지향적이다. 그렇다면 아내들이 남편으로부터 원하는 것은 구체적으로 무엇일까?

첫 번째로 아내들은 남편이 자기를 부드럽게 보살펴 주기를 원한다. 만약 남자들이 아내 앞에서 욱하며 성깔을 부렸다면 레드카드(Red card) 감이다. 여자는 유리그릇처럼 조심스럽게 대해야 한다. 남편이 아무리 강한 성격이더라도 적어도 아내인 자신에게는 자상하고 온유하게 대해 주기를 바란다. 작은 일에도 아내를 배려하고 보살펴 주어야 한다. 여인들은 남편으로부터 보호와 지지를 받을 때 정서적 안정감과 행복을 느낀다.

두 번째로는 대화의 상대가 되어 주기를 원한다. 부부 사이에는 교감과 소통이 중요하다. 그래서 아내가 말이 길고 사연이 많아도 그 말을 모두 들어 주어야 한다. 시작도 없고 끝도 없을 수 있다. 그래도 들어 주어야 한다. 공감하고 들어 주고 맞장구쳐 주어야 한다. 이게 아내들이 바라는 바다.

이 들어 줌에는 정답이 필요 없다. 맞고 틀리고를 가릴 필요도 없다. 자신의 기준에 비추어 틀렸다는 생각이 들어도 그때그때 틀렸다고 토 달지 말고 그냥 들어라. 아내의 이야기를 듣다 보면 그날 하루의 이야기만으로도 끝이 없는데, 어떤 날은 역사를 거슬러 올라간다. 4·19, 5·16, 6·25를 거쳐 조선, 고구려까지 가기도 한다. 하늘을 두루마리 삼고 바다를 먹물 삼아도 끝이 없다. 그래도 인내하며 들어 주어라. 그런 남편과 같이 사는 아내는 정신과에 갈 일 없다.

세 번째로 바라는 것은 경제적 안정감이다. 가정경제의 일차적 책임은 남자에게 있다. 가정생활에 물질적 충족은 우선적 필수 요건이다. 아내들은 수입의 다과를 떠나 매월 일정 금액을 들고 들어오는 남편이 좋은 것이다. 문명사적으로 먹이 사냥 역할은 남성들의 몫이었다.

네 번째는 남편이 신뢰할 수 있는 집안의 기둥이 되는 것이다. 부부 관계는 서로 신뢰할 수 있어야 한다. 아내는 지금 남편이 어디에서 무얼 하고 있는지 알아야 한다. 돈 씀씀이라든지 카드 사용 등에도 신뢰할 수 있어야 한다. 벼락이 치고 천둥이 쳐도 믿을 수 있는 남편이 되어야 한다. 그래야 가장 역할을 온전히 수행할 수 있다.

다섯 번째로 아내가 원하는 것은 가사를 함께하는 것이다. 특별히 맞벌이의 경우는 더더욱 그러하다. 전통적 가정에서 살림과 자녀 양육은 아내들의 몫이었다. 그러나 지금은 다르다. 모두가 공동의 몫이다. 나아가 함께 바깥에서 경제 활동을 하는 가정이라면 아이 양육뿐 아니라 집안일, 곧 청소나 정리 그리고 취사까지도 협력하고 같이 해야 한다. 옛날에는 남자가 부엌에 들락거리면 남자의 무엇이 떨어진다고 했다. 그러나 지금 나는 부엌에서 설거지하고 청소, 빨래를 해도 떨어지지 않고 건재하다.

부부가 서로 원하는 것을 다 채워 줄 수는 없다. 그러나 최소한 내 배우자가 싫어하는 것을 안 할 수 있다. 부부간에 배우자가 나에게 채워 주기를 바라거나 원하는 것이 무엇일까를 오늘 한 번쯤 생각해 보자. 아니면 물어 보기라도 하자.

남편들이 바라는 5가지

남자와 여자는 구조적으로 완전히 다르다. 그리고 상대방에게 원하는 것도 다르다. 앞 장에서 말했듯 아내들은 남편에게 제일 먼저 부드러운 보살핌을 바란다. 그다음으로 대화의 상대가 되어 주고 신뢰할 수 있는 집안의 기둥이 되길 바라며, 경제적 안정감 그리고 가정에 대한 헌신을 바란다. 반면에 남편들이 아내에게 바라는 것은 전혀 다르다. 남편이 아내에게 바라는 것은 무엇일까?

첫 번째 욕구는 섹스(Sex), 성적 만족감이다. 남자와 여자는 이만큼이나 다르다. 여성은 촉각이나 분위기가 중요하고 감정지향적인 데 반해 남성은 시각과 후각에 민감하고 육체지향적이다. 성을 우선으로 생각한다. 그래서 때론 짐승 취급을 받기도 한다. 웬만한 갈등과 문제도 성적으로 만족하면 풀리고 대충 넘어간다. 성

앞에 푼수도 이런 푼수가 없다.

여성은 사랑이 없으면 섹스도 없다. 그러나 남성은 아니다. 정이나 사랑이 없어도 섹스가 가능하다. 그래서 남자는 성관계가 없으면 사랑도 없다. 반응도 다르다. 여성은 비교적 주기적인 데 반해 남성은 비주기적이어서 성적인 문제를 해결하지 못할 때 생기는 호르몬의 축적이 신경질적인 반응을 가져오기도 한다. 아내로부터 거절당할 때 마음이 상하기도 한다. 아내들이여, 남편이 이유 없이 신경질적으로 나온다면 때가 된 줄 알아야 한다.

두 번째 욕구는 취미 활동에 짝이 되어 주는 것이다. 남편은 운동이나 취미 활동에 아내가 동반자가 되어 주기를 바란다. 남편은 아내지향적인 반면 아내는 자녀지향적이다. 그렇더라도 나이가 들수록 성장하는 자녀에게서 마음을 거두어 남편에게로 향할 수 있어야 한다. 그리하여 남편이 하는 일이나 관심 분야에 동반자가 되고 짝이 되는 것이다. 특히 부부가 운동이나 취미까지 같이 할 수 있다면 금상첨화다.

세 번째는 아내가 매력적이길 바란다. 대부분 남성들은 여성의 내면적인 아름다움만으로 만족하기를 거부한다. 남편들은 집에 오면 아내가 밝은 모습으로 맞아 주기를 원한다. 즉 예뻐 보이는 아내를 원하는 것이다. 어떤 아내는 막 잠에서 깬 것처럼 헝클어진 머리와 부스스한 얼굴로 남편을 맞는다. 남편은 밖에서 자신의 외모를 가꾸는 여성들과 같이 일하다 왔다. 그런데 집에 갔더니 파자마 차림의 아내가 시큰둥하게 남편을 맞이한다면, 이 사이에서 과연 사랑을 얼마나 기대할 수 있을까?

나이가 들고 출산을 거치면서 외모가 예전과 같기는 힘들다. 남자들이 매력적인 아내를 바라긴 하지만 단순히 예쁜 외모나 한창때의 몸매이길 바라는 것은 아니다. 자신을 위해 몸과 마음을 가꾸고 노력하는 아내이길 바라는 것이다.

여성이 화장을 하는 건 자기만족을 위해서이기도 하지만, 상대방에게 좋은 모습을 보여 주기 위함이기도 하다. 친구를 만나러 나갈 때는 화장을 하고 가장 좋은 옷을 골라서 입으면서 평생을 함께하고 긴 시간 동반자로 살아가는 남편을 위해서는 아무것도 투자하지 않는다면, 가장 중요한 사람을 위한 배려가 없는 여성이다. 온종일 밖에서 시달리다 집에 들어와 활기 있고 매력적인 아내를 만나는 것은 그 남편에게는 매우 큰 행복이다. 그러니 여성들이여, 가장 소중한 사람을 위해 퇴근 시간에 립스틱 짙게 바르시라!

남편이 네 번째로 바라는 것은 아내에게 존경과 인정을 받는 것이다. 자존심에 죽고 자존심에 사는 남자들에게 아내의 격려와 지지는 최상의 활력소이다. 아내의 격려와 칭찬은 어떤 어려움도 극복하게 한다. 남편을 향한 아내의 존경과 격려는 남편들에게 보약이다. 매일 보약을 먹여라. 보약을 먹은 남편은 일터에서도 능력 이상의 실력을 발휘할 수 있다. 남자는 아내가 자기의 열렬한 지지자이기를 바란다.

다섯 번째로, 가정이 편히 쉴 수 있는 안식처가 되길 원한다. 가정은 남편이든 아내든 편히 쉴 수 있는 둥지가 되어야 한다. 남편이 원하는 것은 미소 짓는 아내, 잘 정돈된 침대 시트, 구미 당기는 요리, 아내의 진심 어린 위로와 지지다. 남편을 위해 바가지는 짧게 끝내고, 가정을 안정적이고 쉴 수 있는 공간으로 만들어라.

나이의 경계를
허무는 성

어느 성직자로부터 감사 전화를 받았다. 성직자들은 아무래도 성 문제를 다루기가 주저되는데 솔직하게 이야기하고 다루어 주어 고맙고 유익했다는 것이다.

부부 갈등의 첫 번째 문제가 의사소통 경색에서 비롯된다면, 두 번째는 성에서 비롯된다. 부부 사이의 불화가 침실만큼 분명하게 나타나는 곳이 없다.

성은 창조주가 인간에게 준 엄청난 축복의 선물이다. 핸드릭슨은 "섹스(sex)란 가장 많은 문제를 많이 일으키는 하나님의 선물"이라고 했다. 성은 영과 마음, 감정, 의지, 육체 등 전인격적 사랑과 오감으로 나누는 교제이고 대화이다. 단순히 육체만이 아니라 지·정·의로 하는 예술이며, 전인격적 친밀감을 측정하는 온도계이다.

문제가 없는 가정에서는 성의 문제가 갈등이 10퍼센트에 불과하다. 그러나 문제가 있는 가정에서는 성의 문제가 갈등의 90퍼센트를 차지한다. 흔히 갈등의 원인으로 성격 차이를 말하지만 사실은 성(性) 격차이다.

고령사회에 진입하면서 노년의 성 문제가 화두가 되기도 한다. 또한 노년의 성범죄도 증가하고 있다. 노년의 성에 관한 블로그 중에 〈찌그러진 냄비에도 고구마는 삶긴다〉라는 제목의 글을 보았다. 할머니 할아버지가 어두컴컴한 공원 구석에서 아주아주 찐하게 끌어안고 스킨십을 하고 있었다. 그때 젊은 남녀가 지나가면서 그 광경을 목격하고는 이렇게 말했다.
"아이고, 나이 잡순 분들이 망측하게…… 남사스러워라."
이때 그 소리를 들은 할아버지가 한마디 한다.
"이놈들아, 늙은 말이라고 당근을 마다하더냐?"
이에 질세라 옆에 있던 할머니도 말을 거든다.
"이놈들아, 찌그러진 냄비는 고구마도 못 삶는다더냐?"
노년이라고 성적 감정이 사라지는 것은 아니다. 정서적 감정이나 느낌에는 나이 제한이 없다. 성이 젊은이들만의 전유물도 아니다. 나이가 들어도 부부간의 성은 여전히 가장 친밀한 대화다. 성은 꼭 육체적인 것만도 아니다. 정서나 감정적 접촉만으로도 즐길 수 있다. 70~80대가 되어도 여전히 행복한 성을 누릴 수 있다. 그래서 성생활에는 정년퇴직이란 없다.

섹스는 몸으로 하는 것이지만 쾌감을 느끼는 것은 오감이다. 최고의 성감대는 뇌다. 뇌가 먼저 반응해야 몸이 작동된다. 때로는 깊은 스킨십이나 포옹만으로도 성적 만족을 즐기고 깊은 사랑의 친밀감이나 행복을 누릴 수 있다.

남자들은 저돌적이고 시도 때도 없다. 시각으로 감동한다. 남자들은 일단 흥분이 되면 멈출 줄을 모른다. 저돌적으로 들이대고 충동적이다. 무드 없이 들이대다가는 짐승 취급을 받기도 한다. 그래서 남자는 전깃불이라 하고 여자는 서서히 데워지는 프라이팬이라고도 하나 보다.

그러나 성을 논하기 전에 전제할 것이 있다. 성에는 사랑이 수반되어야 한다는 것이다. 사랑이 결여된 섹스는 진정한 성이 아니다. 단순한 물리적 방사에 불과하다. 성적인 즐거움은 사랑하는 마음에 따라오는 행복의 부산물이다. 부부가 서로 만지고 더듬고 포옹할 수 있다면 그것이 행복이다. 만짐도 포옹도 성이고, 같이 있음도 성이고 행복이다.

나이의 경계를 허무는 성, 중년이나 노년이라고 사랑을 모르겠는가? 늙은 말도 당근을 먹을 줄 알고, 찌그러진 냄비도 고구마를 거뜬하게 쪄 낸다.

시각적 존재, 청각적 존재

남녀는 성적 충동화 자극이 다르다.

한 부부가 비즈니스 관계로 유명 호텔에서 공연하는 쇼를 관람했다. 아름다운 여자들이 거의 벗은 몸으로 나와서 춤을 추는 현란한 무대였다. 아내는 민망해서 어쩔 줄을 몰랐지만 남편에게는 흥미진진했고 볼거리가 많았다. 남편은 아름다운 무희들을 바라보느라 넋이 나가 있었다. 아내는 크게 실망해서 집으로 돌아오자마자 남편을 다그쳤다.

"그런 저속한 쇼에 넋을 잃다니, 당신이 그렇게 속물인 줄 정말 몰랐어. 침까지 흘리면서 보던걸!"

남편은 따지는 듯한 아내의 태도에 당황했다. 남자들은 아무렇지 않게 즐길 수 있는 흥미로운 쇼가 아내에겐 차마 눈 뜨고 볼 수 없는 민망한 무대인 줄 몰랐던 것이다.

남자는 여자에 비해 시각과 후각에 예민하다. 그래서 남자들은 사랑의 자극을 눈으로 느낀다. 클린턴 전 미국 대통령의 지퍼게이트를 보라. 최강국 대통령의 일거수일투족은 지구촌 모든 사람에게 초미의 관심사이자 뉴스 거리가 되기도 한다. 그런 사실을 클린턴이 몰랐을 리 없다. 그러나 20대 초반의 르윈스키를 보는 순간 세계 최강국 대통령으로서의 위신이나 체면은 온데간데없이 달아나고 말았다. 세계 평화나 인류 복지도 달아나 버렸다.

남자들은 시각으로 자극을 받는다. 반면 여자들은 청각과 촉각이 발달해 있어서 귀로 사랑을 느낀다. 이런 특성을 잘 아는 능숙한 제비족에게는 여자를 유혹하는 일이 식은 죽 먹기보다 쉽다고 한다. 가까이 접근해서 이렇게 속삭이기만 하면 일주일 안에 다 넘어온다는 것이다.

"사모님, 정말 아름답습니다."
"아, 이렇게 우아한 분은 처음입니다."
이 이야기를 들은 내 아내가 말했다.
"일주일까지 갈 것도 없겠네. 그렇게 달콤하게 속삭여 주는데 어떤 여자가 안 넘어가겠어? 사흘도 안 돼서 다 넘어가겠네."
시각이 발달한 남자들이 누드에 넘어간다면, 청각과 분위기에 예민한 여자들은 달콤한 사랑의 말에 무너진다. 즉 남자는 누드에 무너지고 여자는 무드에 감동한다. 부드럽고 감미로운 사랑의 속삭임이 여자들의 마음을 움직이고 가슴을 설레게 한다. 여인들의 가슴에는 사랑의 빈 탱크가 있어서 그 속을 사랑의 밀어 같은 속삭임과 감미로운 말로 채워야 한다. 그러니 남편들로부터 다정한 속삭임을 듣지 못한다면 얼마나 외롭고 허전하겠는가.

남편들이여! 아내의 마음을 사로잡고 싶다면, 근사한 분위기에서 달콤하게 속삭여 보라.

"여보. 당신 정말 예뻐. 누가 당신을 아줌마라고 하겠어? 사랑해."

아내들이여! 남편의 마음을 매료하고 싶다면 자주 거울 앞에 서라. 시각으로 소통해라. 남자들은 자신의 아내가 예뻐 보일 때 행복감을 느끼는 존재다.

마지막까지
내 편은 남편

　　　　이상적 배우자상은 시대 따라 다르고, 성별에 따라 다르다. 남자들은 첫째 조건으로 아름다운 몸매나 용모를 꼽는다. 시각을 통하여 사랑이나 감정에 발동이 걸린다.

　반면에 여자에게는 경제력이나 스펙이나 능력이 중요하다. 내용물이 알차야 한다. 외모가 그럴듯한 깡통보다는 학벌과 재력, 직업 등 실속이 있어야 한다.

　이상적인 최고 신랑감으로 고인이 된 송해 씨라는 농담이 있었다. 이유인즉 90세 넘어서까지 지방 공연을 하며 돈을 벌어 오고, 주중에 2~3일씩은 집을 비우며, 각 지방 특산품을 매주 선물로 받아오기 때문이란다. 늙어서까지 돈도 벌어 오고 주중에 2~3일씩은 집을 비워 주니 아내로선 더 이상 좋을 수 없다.

　최근 아내가 나에게 아부성 멘트를 하며 다가왔다.

　"당신 최고야! 여자들이 원하는 남성상이 있는데 당신은 그런

조건 모두 패스라니까."

갑자기 뚱딴지같은 소리에 어리둥절했다.

"입에 침은 발랐어? 그 조건이라는 게 뭔데?"

그러자 아내가 조목조목 설명해 주었다.

"20대 남자는 무엇보다 남자는 멋이 있어야 해. 송중기같이 멋있는 남자가 최고지. 콩깍지가 씌었는지 내 눈에 당신은 옛날에도 그런대로 괜찮아 보였어. 그리고 30대는 좋은 직장이나 경제력이 있어야 해. 뭐니뭐니 해도 머니, 돈이 있어야지. 요즘같이 경제가 팍팍하고 어려운 때일수록 더욱 중요해. 거기에 '사' 자가 붙은 신랑감이면 금상첨화야."

여기까지 듣다가 한 소리 했다.

"나는 '사' 자가 없잖아."

아내는 아니라는 표정으로 말했다.

"아니야 당신은 확실히 '사' 자야. 학사, 석사, 박사에 사장까지 하니 온통 '사'자 투성이잖아?"

해석도 좋다. 아내는 계속 말을 이어 갔다.

"40대는 자상하고 부드러워야 하고, 50대는 건강하고 힘을 쏠 수 있어야 해. 그리고 60대는 집을 비워 주는 사람이고, 70대는 연금이 나와야 한대. 그리고 80~90대는 그저 살아만 있어 줘도 고맙다고 하네. 늙어서는 남편이라도 있어야 말벗이 되고 무시당하지 않고 의지가 되며 안정된다고. 그러니 당신은 모든 조건이 다 충족되고 패스야 패스! 아니, 당신이 더 좋지. 당신은 80대인데도 아직 현업에 있잖아. 80대에 일하는 사람 그리 많지 않아. 당신은 세계 10대 불가사의 중 하나 아닐까?"

오래 살다 보니 참 희한한 일도 있다. 결혼 후 수없이 충돌하고 부딪히며 갈등이 있었고 중년에 접어들어 억세지기 시작하여 그렇게 빡세기까지 했던 아내가 노년이 되니 제정신이 들었나 보다. 아니, 아내가 철이 들었거나 회심을 했을지도 모른다. 이렇게 상냥해지고 남편 용비어천가까지 읊으니 말이다.

아내의 말이 내가 듣기에 좋게 각색된 것임을 나도 알고 있다. 그러나 그런 아내가 나는 좋다. 황혼기를 함께 보내며 끝 날까지 영원한 한편이고, 손잡고 걸을 수 있는 여자, 의지가 되며 같이 뒹굴고 더듬어도 되는 사람은 아내밖에 없으니. 아니, 아내 하나만으로 충분하고 충만하니, 나는 그런 아내가 너무도 좋다.

행복한 가정을 만드는 기적의 말 11가지

1. 여보 힘들지? 수고했어.   － 배려
2. 난 자기밖에 없어.   － 의지
3. 난 자길 믿어. 힘내.   － 존경
4. 당신이 자랑스러워.   － 격려
5. 당신 뜻대로 해 봐요.   － 신뢰
6. 괜찮아, 그럴 수도 있지.   － 용납
7. 온종일 애들하고 힘들었지.   － 이해
8. 당신 음식 솜씨는 장모님 닮아서 최고야. － 칭찬
9. 사랑해. 당신과 함께해서 행복해.   － 사랑
10. 내 잘못이야. 미안해. 용서해 줘.   － 용서
11. 당신 예뻐. 당신 멋있어.   － 표현

7장

두 마리 말이
수레를 끌듯

©Dương Hữu/Unsplash.com

배우자,
생애 최고의 선물

선물은 대가를 바라지 않고 주는 것이다. 만약 대가를 바라고 준다면 그것은 선물이 아니라 뇌물이다. 뇌물은 끈 달린 올무로 받아도 뒤끝이 좋지 않다. 그러나 선물은 아무런 대가를 바라지 않고 주는 것이기에 받는 사람도 주는 사람도 한껏 기쁘다.

그러므로 선물은 주는 대로 흔쾌히 감사하며 받아야 한다. 선물을 받는 사람이 '마음에 든다, 안 든다' '이렇다 저렇다' 불평한다면 예의에 어긋나는 일이다. 남편이 모처럼 선물을 사다 주었더니 "어머, 당신이 웬일이야? 내일은 해가 서쪽에서 뜨겠네" 하거나 "차라리 돈으로 주지, 내 마음에 드는 거 사게" 한다면 어떨까? 선물해 주고 싶은 마음이 싹 달아나 버릴 것이다.

한번은 사업차 미국에 다녀오는 길에 아내의 화장품을 샀다. 내 딴에는 큰맘 먹고 꽤 이름 있다는 좋은 제품으로 골라 왔다. 모처럼 선물을 받은 아내는 입이 함박만 하게 벌어졌다. 기뻐하는 아내를 보니 역시 잘 사 왔다 싶어 나 또한 기분이 좋았다. 그런데 포장을 풀고 설명서를 읽어 보던 아내가 실망한 듯 말하는 게 아닌가?

"여보, 이거 지성용이라 건성 피부인 나한테는 안 맞는 거네."

좋았던 기분도 잠시뿐, 그 한마디로 김이 새고 말았다. 화장품에 지성용과 건성용이 따로 있다는 것을 내가 어찌 알았으랴. 그 후로는 외국에 나갔다 와도 두 번 다시 화장품을 사 오지 않는다.

설령 피부에 맞지 않더라도 "이거 되게 좋은 화장품이라고 해서 꼭 한 번 써 보고 싶었는데, 여보, 고마워" 하면서 흔쾌히 받았더라면, 그리고 나서 피부 타입에 따라 화장품이 다르다는 것을 살짝 알려 주었다면 나는 신이 나서 자꾸만 사다 주었을 것이다. 큰맘 먹고 사 온 선물을 '지성'으로 받았으면 좋았을 텐데 '건성'으로 받으니 문제가 되었다.

스스로 선택해서 결혼했든 선택을 받아서 결혼했든 배우자는 그 자체로 내 생애 최고의 선물이다. 막상 받아 놓고 보니 이런저런 결점이 눈에 띄고, 나에게는 잘 맞지 않는 점이 있을 수도 있다. 그래도 선물은 기쁘고 감사한 마음으로 받아야만 한다.

'비교 함정'이라는 것이 있다. 내가 가진 것을 남과 비교함으로써 스스로 불행한 심정에 빠져드는 것을 가리키는 말이다. 나를 남과 비교하는 것은 선의의 경쟁을 불러일으켜 삶을 발전시키는 긍정적인 효과도 있지만 자기 비하와 열등의식의 원인이 되기도 한다.

친구 중에 아내를 끔찍이 아끼는 사람이 있다. 일에 있어서는 매우 탁월한 능력을 지녔지만, 나와 같은 깡촌 출신으로 투박한 모습에 세련미는 좀 떨어지는 사람이다. 그런데 그의 아내 사랑에는 유별난 데가 있다. 얼마 전부터는 평생 설거지를 도맡아 하기로 작정했다고 한다. 무슨 그런 작정까지 하느냐고 놀렸더니, 젊은 시절 자신을 위해 희생한 아내를 위해 평생 '설거지 전담맨'이 되려고 결심했다는 것이다.

한번은 이 친구와 부부 동반으로 외국 여행을 다녀왔다. 우리 일행은 비행기 좌석에 나란히 앉아 있었다. 그러다 식사 시간에 이해할 수 없는 일이 벌어졌다. 친구의 아내가 포도를 가리키며 남편에게 "이게 뭐야?" 하고 묻는 것이다. 그랬더니 친구가 "응, 그건 포도야" 하면서 친절하게 대답해 주는 게 아닌가? 좀 있다 딸기를 가리키며 "이건 뭐야?" 하고 물으니 역시 친절하게 "응, 그건 딸기야"라고 대답을 한다. 그의 아내는 딸기를 하나 집어 먹더니 이번에는 토마토를 가리키며 "이건 뭐야?" 하고 또 물었다.

'아니, 정말 포도하고 딸기를 몰라서 묻는 건가?'

도무지 이해가 되지 않았다. 유치원 아이들도 하지 않을 질문을 퍼붓는 천진한 아내와 짜증 한 번 내지 않고 친절하게 대답해 주는 친구. 솔직히 옆에서 바라보기에 무진장 느끼했다. 친구 아내도 이상했지만 천연덕스럽게 대답하는 친구는 더더욱 그 속을 알 수 없었다.

옆에서 친구 부부의 행각을 지켜보던 내 아내가 그 모습이 부러웠는지 딸기를 가리키며 똑같이 "이게 뭐야?" 하고 내게 물어왔다. 나는 아내를 쳐다보면서 뚱하게 말했다.

"보면 몰라?"

그것으로 끝났으면 좋으련만, 아내는 억울한 생각이 들었던지 포도를 가리키며 다시 한번 물었다.

"이게 뭐야?"

"아니, 당신은 눈 없어?"

아내가 내 옆구리를 쥐어박았다. 그러고는 우리는 서로 마주 보고 웃음을 터뜨렸다. 친구 부부와 우리 부부는 엄연히 다르니 서로 다른 반응이 나올 수밖에.

무뚝뚝한 남편보다는 자상한 남편이 좋다. 뚱한 아내보다는 싹싹한 아내가 좋다. 그러나 내 아내, 내 남편을 남과 비교하면 불만이 생기기 쉽다. 내가 받은 선물을 다른 사람이 받은 선물과 비교해서 요모조모 뜯어보고 따져 보고 조금이라도 못한 점이 발견되면 실망에 빠지는 것과 같다.

비교에는 원래 끝이 없다. 지금 이 사람과 비교해서는 낫다고 만족하더라도 반드시 더 나은 사람과 비교하는 순간이 온다. 그래서 비교 함정에 빠지기 시작하면 마지막에 남는 것은 초라함과 불행감뿐이다. 창밖에 아름다운 풍광이 펼쳐질 때 안에서 그것을 바라보며 그 풍광과 무관한 내가 더없이 초라하게 느껴질지 모르지만, 그러나 진정 소중한 것은 내 안에 있다.

사람은 백인백색으로 저마다 다른 개성을 타고났다. 그러니 내 남자가 다른 여자의 남편과 같기를 바란다는 것은 어리석은 일이다. 모자라면 조금씩 채워 가고, 맞지 않으면 하나둘 맞춰 가면서 둘만의 듀엣곡을 멋지게 연주해 나가야 한다. 그러다 보면 오랜 세월 손때를 묻혀 가며 길들인 정다운 물건처럼, 부부도 서로 맞춤하게 길들여진다. 그때는 레오나르도 디카프리오나 안젤리나 졸리가 나를 쫓아와도 고개를 젓게 될 터이다.

당신은 생애 최고의 선물을 어떤 자세로 받고 있는가? 진심으로 만족스럽게, 감사하는 마음으로 받고 있는가? 혹시 비교 함정에 빠져 온갖 불평을 투덜거리면서 한쪽 구석에 밀어 두거나 아무렇게나 굴리고 있지는 않은가? 깊이 되돌아보기 바란다.

사랑의 가계부를 써라

　　　　　　IMF와 금융 위기 속에서 실직한 수많은 가장이 아내들의 잔소리에 견디다 못해 길거리로 내몰렸다. 그중 가족이 해체되는 콩가루 집안이 있는가 하면, 남편이 교통사고로 병상에 눕게 되자 병 수발뿐 아니라 경제적인 부담까지 즐거운 마음으로 짊어지고 사는 찰떡 집안도 있다. 전 세계적으로 경제 위기라고 하는 요즈음도 마찬가지다.

　어느 가정에나 문제가 생기기 마련이고 때로는 시련과 고통과 어려움의 터널을 지날 일도 있다. 어려움을 만났을 때 사람에 따라 두 가지의 대응이 있다. 어떤 가정은 난관 앞에서 부부가 하나로 똘똘 뭉쳐 서로 격려하고 의지하며 정면 돌파를 한다. 힘이 합해지므로 초인적 능력이 발동되어 난관을 극복하고 다시 일어나게 된다. 한때는 어려움이었지만 그것이 오히려 감사의 조건이 되고, 선이 되고, 변장한 축복이 된다. 그런가 하면 어떤 가정은 어려움 앞에서 서로 비난하고 탓한다. 그럴수록 일이 더 힘들어지고 탈출구가 보이지 않는다. 심한 경우 가정이 해체되기도 한다.

이 두 집안의 차이는 무엇인가? 배우자에 대한 믿음과 그 밑바탕에 있는 사랑이다. 콩가루 집안의 남편은 아내의 마음속 사랑의 계좌에 마이너스로 기억되어 있고, 찰떡 집안의 남편은 플러스로 입력되어 있었을 것이다. 아내 생일날에 의무 방어전 하듯 값비싼 보석을 사서 무심하게 주는 것보다는, 장미꽃 한 송이라도 시간을 내어 아내에게 전하며 "여보, 사랑해!"라고 하는 따뜻한 말 한마디가 사랑의 계좌에 플러스가 된다.

영국 보험협회의 조사 자료에 의하면, 부부 사이가 좋은 사람들이 그렇지 않은 사람에 비해 질병에 걸릴 확률이 낮다고 한다. 교통사고율도 현저히 낮을 뿐 아니라 연봉도 높았다.

"여보, 당신밖에 없어!"(10점)

"여보, 수고했어. 힘들지?"(20점)

"여보! 사랑해!"(30점)

"당신 정말 예쁜데!"(40점)

"오늘 당신 너무 멋지다!"(40점)

"여보, 오늘 설거지는 내가 할게. 당신은 좋아하는 드라마 보세요!"(50점)

"여보! 당신 몰래 적금 들어 이번에 타는데, 이번 결혼기념일에 당신이 가고 싶어 하던 유럽으로 여행을 가자!"(100점 - 홈런!!!)

이런 식으로 사랑 가계부를 흑자로 만들어 가자. 사랑이 없는 적자 가정에는 짜증과 불평불만이 가득할 것이다. 지금 우리 가정의 사랑 가계부 잔고는 적자인가 흑자인가.

배우자는 나와 평생을 같이할 유일한 사람이다. 풍성한 삶을 누리려면 나를 알아 주는 친구도 있어야 하고 마음 맞는 사업 파트너도 있어야 한다. 그러나 늙어서 병들고 초라해졌을 때 막상 기댈 수 있는 이는 남편, 아내뿐이다. 평소 배우자에게 아무것도 투자하지 않았다면 그 결과는 어떨까? 뿌린 대로 거두는 것이 만고의 진리다.

남편들이여, 누구보다 확실하게 보장되고 수익률이 좋은 아내 펀드(fund)에 투자하라. 고마운 날, 특별한 날, 아내만을 위한 선물을 준비하라. 돈을 쓸 때 쓸 줄 아는 멋진 남편이 되어라. 시간과 감성으로 투자해라. 지금의 투자는 훗날 이자가 톡톡히 붙어 되돌아올 것이다.

아내들이여, 확실하게 남는 대박 남편 펀드가 있다. 밀림의 정글 속에서 금융의 쓰나미 파고 속에서도 살아남는 사람들이 있다. 아무리 힘 있고 능력이 있는 사람일지라도 아침 키스 받는 사람을 당해 낼 수 없다. 성공하는 CEO는 그 가정이 다르다.

우리는 누구나 행복하게 살 수 있다. 감사와 인정과 배려가 사랑의 잔고를 차고 넘치는 흑자로 만들기 때문이다. 당신이 호감을 사기 위해 애써야 할 사람, 점수를 듬뿍 따 두어야 할 사람은 바로 당신의 배우자임을 잊지 마라.

자연인으로 만나라

한번은 부부로 보이는 젊은 남녀가 거리에서 서로 부르는 소리를 우연히 들었다. 남편이 "내 작은 병아리! 이리 좀 와 봐" 하니까 아내가 "왜? 내 사랑스러운 분홍 돼지!" 하며 뛰어가는 것이었다. 온몸에 닭살 소름이 돋을 만큼 느끼한 순간이었다. 그러나 서로를 그렇게 부르면서 두 사람은 부부간의 사랑과 행복을 맘껏 누렸다.

18세기 프랑스 계몽사상가 루소는 '자연으로 돌아가라'고 소리 높여 외쳤다. 루소의 말을 살짝 빌려 말하면, 부부는 '자연인으로 돌아가야' 한다. 대통령의 아내가 집에서 남편을 '대통령님'이라고 부를까? 아내가 은행 지점장 남편을 '지점장님'이라 부르고, 남편이 교사 아내를 '선생님'이라고 부른다면 집안이 어떻게 돌아갈까?

수사관 아빠가 아이들과 대화를 하면서 "그러니까 너는 2월 5일 오후 1시에 친구 6명과 학교 앞 PC방에서 정확히 1시간 20분 동안 컴퓨터 게임을 했다 이건가?" 하는 식으로 피의자를 심문하듯 한다면 어떻게 대화가 이루어질까?

남편과 아내, 부모와 자식은 바깥에서의 지위가 어떠하든 집에서는 모든 것을 벗어 놓고 자연인으로 순수하게 만나야 한다. 그렇지 않으면 가족 관계가 불편하게 경직된다.

특히 부부는 벌거벗어도 부끄럽지 않은 사이여야 한다. 부부는 둘만의 로맨스를 만들어 갈 필요가 있다. 부부 사이에는 남들이 감히 넘볼 수 없는 비밀의 낙원이 있어야 한다. 그 비밀의 낙원 안에서라면 두 사람은 얼마든지 유치해도 좋다. 마치 에덴의 동산에서 아담과 이브가 벌거벗고 뛰어놀아도 부끄럽지 않았던 것처럼.

문제는 연애 시절과 신혼 시절엔 곧잘 낯간지러운 닭살 행각을 벌이던 사람들도 시간이 지나면 점점 무덤덤해지고 점잖아진다는 것이다. 둘 사이의 애정 표현은 점차 강도가 약해지다가 마침내 소 닭 보듯 썰렁해진다. 그러다가 아이가 태어나면 '아무개 엄마' '아무개 아빠'로 존재할 뿐 둘 사이의 로맨스는 빛바랜 추억으로나 남게 된다.

하루에도 수십 번씩 '달링' '허니'를 외쳐 대는 서양 부부들에 비하면 우리 사회에서는 아직도 부부간의 애정 표현이 약한 편이다. 부부가 손을 잡고 걷다가도 아는 사람을 만나면 슬그머니 손을 놓아 버린다. 다른 사람 앞에서의 애정 표현은 어쩐지 남세스럽다는 것이다. 친밀한 사람에 대한 배려보다 남의 시선을 더 의식하는 눈치 문화이다.

그러나 체면을 차리고 점잔을 떨어서는 부부간에 한껏 애정을 나누기 어렵다. 나이가 들어도 여전히 아내를 "내 작은 병아리"라고 부르고 남편을 "사랑스러운 분홍 돼지"라고 부르며 맘껏 유치할 수 있는 부부가 금실이 나쁠 리 없다. 남들로부터 '닭살 커플'이라는 놀림을 받으면 좀 어떤가. 부부는 법적으로 공인된 커플이 아닌가. 이제부터라도 부부의 애정을 한껏 과시하며 살라.

있을 때 잘해

　　　세상을 떠나는 삶의 마지막 순간에 당신은 배우자에게 무슨 말을 남길까? 많은 사람들이 죽음을 맞이하는 최후의 순간에 배우자에게 남기는 말이 바로 "미안해"이다. 왜 떠나는 사람은 남는 사람에게 늘 '미안하다, 용서해 달라'고 말하는 것일까? 마지막 순간이 되어서야 많은 상처를 주고받으며 살아온 날을 깨달아서가 아닐까? 이 '미안하다'는 말 속에는 만 가지 의미가 숨어 있다.

　'그동안 잘해 줄 수 있었는데 그렇게 못 해서 미안해.'
　'그동안 상처 주어서 미안해.'
　'무거운 짐 남기고 먼저 가서 미안해.'
　부부가 서로에게 원하는 것은 세계 평화나 인류 복지 같은 거창한 구호가 아니다. 마음만 먹으면 살아 있는 동안 충분히 들어줄 수 있는 작고 소박한 소망들뿐이다. 막상 들어주고 싶어도 더 이상 들어줄 수 없을 때가 되어서야, 그 작은 소망을 들어주는 것이 뭐가 그렇게 어려웠는지 후회가 되는 것이다.

40대의 젊은 나이에 죽음을 맞은 아내가 있었다. 남편은 일에 빠져 지내느라 이사할 때도 새 집이 어디인지조차 모를 만큼 집 안일에는 무심했다. 다행히 아내는 이런 남편을 조금도 원망하지 않고 집안의 크고 작은 일들을 혼자 힘으로 힘겹게 해결해 왔다.

남편은 그런 아내에게 속으로는 고마운 마음을 가지고 있었다. 남보다 일찍 집을 장만한 것도, 자식들을 명문 대학에 입학시킨 것도 다 아내의 헌신적인 뒷바라지 덕분이었다. 남편은 매달 꼬박꼬박 생활비를 가져다주는 것으로 남편 노릇, 아버지 노릇을 다했다고 믿는 멋없는 사람으로, 아내를 위해 무엇을 해 줄까 생각해 본 일조차 없었다. 아내는 늘 주기만 하는 사람, 가족을 챙겨 주는 사람, 힘든 일을 혼자 감내하는 사람이었다.

그런 아내가 암 선고를 받고 수술대에 올랐을 때, 남편은 눈앞에 닥친 현실을 받아들일 수가 없었다. 아내는 그동안 혼자의 힘으로 집안을 이끌어 오느라 몹시 지쳐 있었다. 남편이 그만큼 자신을 믿고 있다는 것은 알고 있었지만, 그럼에도 따뜻한 위로나 격려의 말 한마디 듣지 못하고 외롭게 살아왔던 것이다. 몸속에는 암세포가 서서히 자라나고 있었지만 가족을 위해 헌신하느라 자신의 몸을 돌볼 겨를조차 없었다.

　아내에게는 한 가지 작은 소망이 있었다. 가족 여행을 가는 것이었다. 남편과 둘이 가까운 교외라도 나가 본 적이 도대체 언제였는지 까마득했다. 그래도 아이들이 어렸을 땐 가족끼리 손잡고 놀이공원에도 가고 그랬는데……. 남편은 일에 쫓기고 아이들은 공부에 쫓기고, 겨우겨우 아이들을 대학에 보내고 나니 어느새 귀밑에는 흰머리가 하나둘 늘어 가는 나이가 되어 있었다.

　"여보, 우리 언제 둘이서 여행 한번 가요. 지금 남쪽에는 벚꽃이 한창이라는데…….'

　"바쁜데 여행은 무슨…….'

　남편은 사업 때문이라는 핑계로 골프에 푹 빠져 지냈다. 아내의 소박한 소망에 귀 기울일 여유조차 없었다. 그런데 죽음을 눈앞에 둔 아내가 남편의 손을 잡으며 말했다.

　"여보, 미안해요.'

　평생 온몸을 다 바쳐 남편과 자식을 위해 헌신했던 이 외로운 여인의 입에서도 미안하다는 말이 튀어나왔다. 혼자 남겨질 남편이 안쓰러웠던 것이다. 그러나 정녕 미안한 사람은 남편이었다. 남편은 아내의 손을 잡고 울음을 터뜨렸다. 잘 자라 준 자식들을 앞세우고 부부가 함께 여행 한 번 가는 일이 뭐 그렇게 어려운 일이었을까? 아내가 살아만 준다면 그런 여행쯤 백 번이라도 함께 갈 수 있을 것 같았다. 남편은 머리를 쥐어뜯으며 괴로워했다.

후회는 항상 한 발 늦게 찾아오는 법이다. 부부란 지상에서 맺어진 짧은 인연이며, 가정의 행복이란 살아 있는 동안만 누릴 수 있는 한정된 은총이다. 부부는 두 개의 시곗바늘과 같아서 하루에도 몇 번씩 만나고 헤어지기를 반복한다. 그러나 두 개의 바늘 중 어느 하나라도 고장 나면 시계가 제 기능을 못 하는 것처럼 어느 한쪽이 병들거나 세상을 떠나고 나면 가정의 행복도 깨어지고 만다.

정말 소중한 것은 쉽게 느껴지지 않는다. 우리는 공기와 물이 없으면 단 5분도 살아갈 수 없지만, 평소에는 그 고마움을 느끼지 못한다. 배우자에 대해서도 마찬가지다. 곁에 있을 때는 그 소중함을 느끼지 못하고 바쁜 일상에 파묻어 버린다. 그러다 함께할 수 없는 날이 오고 나서야 절실함이 뼛속을 파고든다.

〈있을 때 잘해〉라는 노래도 있다. 곁에 있을 때 잘해 주어라. 힘 있을 때 사랑하라. 사랑할 수 있을 때 사랑하라. 사랑하고 싶어도 더 이상 사랑할 수 없는 날이 온다. 어제는 역사이고 내일은 신비이며 오늘은 선물이라는 말도 있지 않은가? '다음 기회에'라고 말하지 마라. 현재를 누려라. 지금, 이 순간, 사랑하기에 온 마음을 다하라.

웃음은
가장 값진 인테리어

레오나르도 다빈치의 〈모나리자〉가 그렇게 유명해진 것은 미소 때문이다. 웃을 듯 말 듯 입가에 머문 미소는 신비하기까지 하다. 모나리자의 신비한 미소만큼은 아니어도 웃는 얼굴은 보는 사람의 기분까지 좋게 한다. 따뜻한 미소, 환한 웃음은 제아무리 솜씨 좋은 성형외과 의사도 해낼 수 없는 아름다운 얼굴을 만들어 준다.

그런데 과거 우리는 잘 웃지 않는 문화 속에 살았다. 웃음이 헤프면 '실없는 사람'이라는 소리를 듣기 일쑤였다. 특히 남자아이들은 자꾸 웃으면 사내답지 못하다고 훈계와 교육까지 받았다. 그래서일까? 우리나라의 아버지들은 근엄하고 엄격하며 잘 웃지 않는다. 이런 아버지에게 존경심을 느낄 수는 있지만 친밀감을 느끼기는 어렵다. 그래서 우리나라의 아버지들은 나이가 들수록 고독하다.

그래도 아이들이 어릴 땐 웃을 일이 많지만 성장해서 제 할 일로 바쁘다 보면 온 가족이 다 함께 모이기도 어렵다. 집 안에서는 점차 웃음소리가 사라진다.

웃음은 나이와 반비례한다고 했던가? 아기들은 하루에 300번 이상을 웃는다. 어른들은 열다섯 번 웃기도 힘들다. 늙어 가는 우리 부부에게도 자꾸 웃을 일이 없어진다. 그런데 손자 다빈이는 눈만 마주쳐도 웃는다. "까꿍!" 소리 한 번에 자지러진다. 그 웃음이 얼마나 우리 부부를 즐겁고 행복하게 만드는지 모른다. 그 순간만은 모든 근심 걱정이 싹 날아간다. 하지만 다빈이가 가고 나면 집 안의 웃음도 함께 가 버린다.

웃음이 얼마나 좋은 것인지, 10초 웃으면 3분 동안 땀 흘려 운동한 효과가 있고 15초 웃으면 수명이 이틀이나 연장된다고 한다. 아주 많이 웃을 때는 "아이고, 배 아파!"라는 말이 절로 터져 나온다. 웃을 때 배가 아픈 것은 내장이 격렬하게 운동하기 때문이다. 웃음은 훌륭한 유산소 운동이요, 전신 마사지이다.

웃음에는 병을 치료하는 효과도 있다. 특히 손뼉을 치며 크게 웃는 '박장대소'와 허리가 꺾이도록 자지러지게 웃는 '포복절도'는 항암 물질의 분비를 도와주고 질병에 대한 면역을 높여 준다. 노먼 커즌스(Norman Cousins) 박사는 '웃음요법'이라는 치료법을 개발해서 희귀 척추병 환자의 통증을 크게 감소시켰다고 한다.

한번은 잘 아는 분이 폐 수술을 받았다기에 아내와 함께 문병 갔다. 맹장 수술 때처럼 폐 수술을 받았을 때도 가스가 나와야 하는데 나오지 않는다고 가족들 모두 걱정이었다. 그래 재미있는 이야기로 계속 웃겨 드렸더니, 갑자기 가스가 나오기 시작했다.

"아이고, 가스가 연방 연방 나오네요."

가스가 나오니 환자도 가족들도 표정이 밝아지졌다. 기쁘고 다행스러워서 모두들 또 웃었다.

웃음이 얼마나 좋은 것인지를 말하면 이렇게 반응하는 사람들도 있을 것이다.

"글쎄, 그걸 누가 모르나. 웃고 싶어도 웃을 일이 있어야 웃지."

그러나 웃는 것도 훈련이다. 웃을 일이 있어서 웃는 게 아니라 웃다 보면 자꾸 웃을 일이 생긴다.

내가 피곤에 지쳐 퇴근하면 아내는 활짝 웃으며 맞아 주었다. '아내의 웃음이야말로 가장 값진 인테리어'라는 내 말을 실천하고 있는 것이다. 하지만 나는 피곤하기도 하고 또 길들어 온 습관 탓에 무표정한 얼굴로 가방을 건네고 거실을 지나 방으로 들어갔다. 그러자 하루는 아내가 그런 나를 불러 세우더니 한 가지 제안을 했다.

"여보, 우리 얼굴을 마주치면 웃기로 해요."

그날부터 나는 아내와 얼굴만 마주치면 웃었다. 마주치면 웃는 것이 우리 집 헌법이 되었기 때문이다. 그런데 자꾸 웃으려고 애쓰니까 정말 웃게 된다.

지금 나의 집 분위기는 어떤가 한번 생각해 보라. 엄격하고 근엄한가, 아니면 늘 웃음이 넘치는가? 누가 무슨 말을 해도 함께 웃어 주는 여유가 있는가?

남편들이여, 아내들이여! 가족을 위해 개그맨이 되기를 자청하자. 온종일 헤어졌다 다시 만나면 밝고 환하게 웃어 주자. 유머와 재치를 창조하고 개발해 보자. 남편도 웃기고 아내도 웃기고 자녀들도 웃겨서 그야말로 '웃기는 집안'을 만들어 나가자.

아내가 요구하면 항상 OK!

가끔 지난날을 되돌아볼 때마다 가족들에게 더 잘해 주지 못한 아쉬움과 회한이 생긴다. 한평생을 한 여자와 지지고 볶으며 살아오는 동안 잘못한 일이 어디 한두 가지였을까? 그러나 그런 나에게도 아내에게 잘한 일이 한 가지 있다. 아내가 무엇을 해 달라고 할 때마다 한 번도 거절한 적이 없다는 것이다. 어떤 일을 요구하든 항상 "오케이!"를 했다.

그런데 대답은 했어도 실제로 그 말대로 실천한 적은 별로 없었다. 아내가 무엇을 요구하면 나는 정말로 들어주고 싶어서 "그래, 해 보자"라고 대답한다. 하지만 일주일쯤 지나면 50퍼센트는 할 필요가 없어진다. 일주일이 더 지나면 나머지 50퍼센트도 잊히고 만다.

우리 부부가 아직 젊을 때였다. 신문을 보던 아내가 말했다.
"여보, 우리도 세계 일주 한번 하자."

나는 언제나처럼 고개를 끄덕이며 "오케이!"를 했다.

"그래, 가자. 언제 갈까?"

아내는 금방이라도 세계 일주를 떠날 것 같은 생각에 기분이 한껏 부풀었다. 그러나 실제로 세계 일주를 떠날 수 없다는 사실은 누가 더 잘 알까? 아마 나보다 아내가 더 잘 알 것이다. 당장 직장은 어떻게 하며, 아이들은 누구에게 맡길 것인가. 이런저런 문제에 부딪쳐 결국 세계 일주의 꿈은 접고 말았다.

하지만 아내는 "그래, 해 보자"라는 내 대답을 듣는 순간만큼은 정말 기분이 좋았다고 한다. 어떤 부탁을 하든 "그래, 오케이!" 하는 남편이 고맙고 '아, 남편이 내 생각을 존중해 주는구나, 나를 지지해 주는구나' 하는 생각이 들어서 마음이 흐뭇해진다는 것이다. 아무것도 받지 않았지만 마음으로는 받은 것이나 마찬가지인 셈이다. 실제로 하지 못했지만 해 보겠다는 말, 해 보려는 마음에 아내는 만족했다.

그런데 만약 내가 이렇게 대답했다면 어땠을까?

"꿈 깨라, 꿈 깨! 우리 형편에 세계 일주는 무슨 세계 일주? 말도 안 되는 소리 하지 말고 얼른 냉수 먹고 속 차려!"

우리 가정의 현실을 누구보다도 잘 알고 있더라도, 아내는 남편에게 무시당했다는 생각에 상처 입었을 것이다. 결국 갈지 안 갈지도 모르는 세계 일주 때문에 부부 갈등만 깊어지게 된다. 얼마나 어리석은 일인가? 수긍하고 받아들이는 마음과 태도만으로도 얻을 수 있는 불로소득이 있는데 그것을 몰라 사랑의 가계부에 적자를 쌓아 간다.

거절당할 것에 대한 두려움은 부부간 대화의 장벽이 된다.
"말해 봐야 뭘 해요, 내 입만 아플걸. 뭘 더 바라겠어요?"
상담을 요청해 온 사람들에게 마음을 터놓고 배우자와 대화할 것을 권하면 이렇게 손사래를 치는 이들이 의외로 많다. 번번이 거절당했던 경험 때문이다. 말해 보았자 들어줄 리도 없고 퇴짜 놓을 게 뻔하니, 괜히 자존심만 구길까 봐 두려워 아예 입을 닫는다. 이런 일들이 여러 번 반복되면 부부 사이는 냉랭하게 얼어붙을 수밖에 없다.

부부들이여, 배우자의 말에 일단 "오케이!"를 하고 보자. 말 한마디로 멋지게 천 냥 빚을 갚아 보자. 말 한마디로 행복해질 수 있는 길이 있는데 마다할 이유가 없지 않은가?

앞치마를 두른 남자

집에만 들어오면 손가락 하나 까딱 하지 않는 제왕적인 남편이 있었다. 가족을 위해 돈 벌어 오는 일을 독립운동만큼 대단하게 생각하는 남편이었다.

어느 날, 저녁 식사를 마친 남편이 설거지하는 아내에게 또 명령조로 말했다.

"어이, 담배 좀 가져와."

아내는 속이 부글부글 끓어올랐다. 더 이상 참고 살 수 없다는 생각이 들었다. 그래서 담배를 휙 집어던지면서 한마디 쏘아붙였다.

"내가 니 시다바리가?"

제왕적인 남편이 참고 넘어갈 리 없었다. 대판 부부 싸움이 벌어졌다. 어떻게든 아내 위에 군림하려는 남편과 일방적인 복종을 강요당하고도 참고 살아온 아내의 싸움은 쉽게 결판이 나지 않았다. 한번 바깥으로 폭발한 갈등은 무서운 속도로 파국을 향해 치달아 갔다. 다행히 두 사람은 이혼 직전에 우리 부부가 개최한 가정 세미나에 참석하면서 조금씩 해결의 실마리를 찾아갔다.

나 역시 젊어서는 집안에서 제법 큰소리를 치며 살았다. 가부장 문화의 유전자가 나에게도 깊이 각인되어 있던 탓이다. 그러나 지금은 아내와 나의 처지가 완전히 역전되었다. 어느새 나는 아내 눈치를 보며 살아야 하는 흰머리 소년이 되었다. 이제는 아내가 식사 준비를 하면 설거지는 으레 내 차지다. 옛날 같았으면 어림도 없는 일이다. 그러나 내가 자청해서 설거지를 도맡아 한다. 그것이 곧 생존 전략이요, 노후 대책이기 때문이다. 아내 말마따나 이제야 철이 든 것인지 모른다.

아내는 내가 설거지를 하는 것이 실제로 많은 도움이 된다고 한다. 그러나 그보다는 '남편이 나를 정말로 생각해 주는구나, 남편이 나를 사랑해 주는구나' 하는 마음이 들어서 더 고맙다고 한다.

맞벌이하는 아내들이 남편에게 갖는 가장 큰 불만이 집안일을 안 한다는 것이다. 똑같이 일을 하고 들어와서도 아내는 옷도 채 갈아입기 전에 부엌으로 달려간다. 가족들 밥을 먹여야 하기 때문이다. 여성의 사회 참여가 늘었고 발언권이 세졌지만, 아직도 많은 아내들이 직장 생활에 양육, 살림이라는 이중 삼중의 무거운 짐을 지고 있다.

부부는 사다리와 같아서 두 사람이 균형을 잘 잡아야 건강한 가정을 이룰 수 있다. 한쪽이 지나치게 기대면 다른 한쪽은 몹시 피곤해진다. 사다리가 한쪽으로 기울면 반드시 갈등이 생겨난다.

맞벌이 부부가 가사 분담을 놓고 벌이는 신경전 역시 부부간에 믿음을 약화시키고 갈등의 골을 깊게 만든다. 아내 쪽은 함께 돈을 버니 집안일을 공평하게 나누어 하는 것이 당연하다고 생각한다. 그러나 남편들의 머릿속에는 집안 살림은 어디까지나 아내 일이라는 의식이 뿌리 깊게 박혀 있다. 아내가 힘들고 바쁘면 도와줄 수는 있지만 그게 자신의 일이라고는 생각하지 않는 것이다. 여기에 남녀 간의 생각 차이가 존재한다.

남자들에게는 여전히 '부엌일 하는 놈은 못난 놈'이라는 의식이 남아 있다. 마누라한테 꽉 잡혀 사는 공처가 취급을 당할까 전전긍긍하기도 한다. 부모님들의 눈에도 똑같이 설거지하더라도 사위는 예뻐 보이지만 아들은 못나 보인다고 하지 않나.

그러나 시대가 많이 바뀌었다. 아내가 바깥에서 돈을 벌어 오고 남편이 집안에서 살림을 하는 집들도 있다. 여자의 일, 남자의 일이라는 경계가 허물어진 지 이미 오래다. '부엌일은 여자가……'라거나 '사내 자식이 부엌에 들어가면 뭐가 떨어져……'

라는 식의 낡은 생각은 호랑이 담배 피우던 시절에나 통하던 이야기이다. 앞치마가 더는 공처가의 상징이 아니라, 열린 사고를 가진 멋진 남자의 상징물이 된 것이다.

　남편들이여! 기꺼이 앞치마를 둘러라! 앞치마와 빨간 고무장갑이 잘 어울리는 남자가 사랑받는다. 이왕 앞치마를 둘렀다면 아내를 단번에 쓰러뜨릴 근사한 요리 몇 가지쯤은 익혀 비장의 무기로 삼아라! 이런 남편이 있는 가정에 실패와 불행의 그늘이 드리울 리 없다.

부모로부터 떠나라

"고초 당초 맵다 한들 시집살이보다 더할쏘냐."

시집살이가 얼마나 고되고 힘들었으면 이런 노래를 지어 불렀을까? 옛날 어머니들은 시집가는 딸에게 무조건 '장님 3년, 벙어리 3년, 귀머거리 3년'을 견뎌 내라고 가르쳤다. 시집살이의 고통을 조금이라도 덜어 주기 위한 나름의 지혜였던 셈이다. 그러고도 모자라 "시집가면 죽어서도 그 집 귀신이 되어야 한다"라는 말로, 고된 시집살이를 견디지 못한 딸자식이 친정으로 되돌아올까 봐 모진 엄포를 놓았다.

시대가 변해서 며느리를 딸처럼 여기는 시어머니와 시어머니를 친어머니처럼 대하는 며느리들도 많다지만, 시집 문제로 인한 결혼생활의 갈등은 사라지지 않고 있다. 고부 갈등은 정도의 차이가 있을 뿐 예나 지금이나 동서양을 막론하고 세계 어느 곳에서나 존재한다. 이브가 장수한 것은 시어머니가 없었기 때문이라는 우스갯소리까지 있을 정도이다. 요즘엔 고부 갈등뿐 아니라 장모와 사위 간의 장서 갈등도 대두되고 있다.

고부 갈등이나 장서 갈등은 자녀가 부모의 소유라는 생각에서 비롯된다. 특히 자녀지향적인 부모들은 평생을 바쳐 금이야 옥이야 키운 자식을 며느리나 사위에게 내줘야 하는 현실을 쉽게 받아들이지 못한다. 심하면 자식을 빼앗긴 것 같은 상실감에 빠지기도 한다.

'온갖 고생을 해서 키워 놓았더니 호강은 네가 하는구나.'

자녀에게 의존적인 부모일수록 이런 증상은 더욱 심해진다. 애지중지 키워 놓은 새가 품에서 날아가 버린 것 같은 허전함, 즉 '빈 둥지 증후군'에 시달리는 것이다. 반면 금실이 좋은 부부지향적 부모들은 자녀를 떠나보내고도 활기차고 아름다운 노년의 삶을 누린다.

고부 갈등, 장서 갈등은 자녀의 행복이 곧 나의 행복이라는 것을 모르는 어리석음에서 비롯된다. 세상에 자식의 행복을 바라지 않는 부모가 어디 있으랴. 자식이 행복하면 부모는 그것으로 충분한 보상을 받았다고 생각해야 한다. 생각을 조금만 바꿔 보면 며느리나 사위는 자신의 무거운 짐을 덜어 준 고마운 사람이다. 그동안 자식을 돌보고 건사하느라 애썼던 모든 것을 이제는 하지 않아도 되니 얼마나 감사한가?

자녀가 결혼한 후에 부모는 옆으로(Beside) 비켜 주어야 한다. 둘 사이에(Not between) 끼어들어서는 안 된다. 자녀가 독립된 가정을 이루었는데도 부모가 둘 사이에 끼어들기 때문에 문제가 생겨난다. 요즘 젊은 부부의 이혼 사유에는 부모의 개입이 차지하는 비중도 만만치 않다.

자녀도 결혼하면 부모로부터 떠나야 한다. 떠난다는 것이 물리적 거리만 뜻하는 것은 아니다. 한집에 살거나 옆집에 살아도 떠날 수 있다. 반면 미국에 가서 살면서도 떠나지 못할 수도 있다.

자녀는 결혼하면 부모로부터 경제적으로 독립해야 하고, 정서적으로도 떠나야 한다. 그런데 부모를 떠나지 못하니 부부가 하나 되지 못하고 갈등을 겪는다. 효자 남편하고는 살기 힘들다거나, 못생긴 건 용서해도 마마보이는 용서할 수 없다는 말도 이래서 생겨난다.

삼강오륜 가운데 '부자유친, 부부유별'이 있다. 이것은 유교적 도덕관을 중요하게 여기던 시대에는 절대 어기면 안 되는 삶의 원칙이었다. 그러나 지금은 21세기다. 21세기에는 삼강오륜도 새롭게 적용해야 한다. 오늘날은 행복한 가정을 꾸리려면 '부자는 유별(有別, 침범하지 않음)하고 부부는 유친(有親, 가까이 함)해야 한다.'

부모들이여, 자녀를 떠나보내라. 그리고 스스로 삶을 즐기는 법을 배워라.

　자녀들이여, 부모로부터 떠나라. 그래서 자신의 두 다리로 온전히 홀로 서라.

부부는 서로 같은 편

시집과 갈등이 있는 여자들은 시금치도 먹지 않는다고 한다. 시어머니, 시아버지, 시누이, 시동생이 싫다 보니 '시' 자가 앞에 붙는 것은 쳐다보기도 싫다는 것이다. 여자들이 이렇게까지 시집과 갈등을 겪는 데는 여러 이유가 있겠지만 남편의 태도도 한몫을 한다. 남편이 어머니와 아내의 갈등에 지혜롭게 대처하지 못해 문제를 더욱 악화시키는 것이다.

고부 갈등이 생기면 어머니와 아내 못지않게 고통받는 것이 두 여자 사이에 끼인 남편이다. 이럴 때 누구의 편도 들지 못한 채 어정쩡하고 우유부단한 태도를 취하는 갈팡질팡형 남편들이 있다. 아내의 편을 들자니 지금껏 자신을 위해 헌신해 온 어머니를 배신하는 것 같고, 어머니의 편을 들자니 사랑하는 아내에게 상처를 주는 것 같아 둘 사이를 오가며 갈팡질팡 방황만 한다. 이때 남편의 확실한 태도가 중요하다. 때론 일시적으로 부모를 배

반해야 한다.

그런가 하면 모르쇠형 남편도 있다. 어느 편도 들지 않고 어머니와 아내가 알아서 해결하도록 침묵하는 것이다. 중립을 지키니 겉으로는 공평한 것 같지만 사실은 두 사람 모두에게 상처를 입히는 결과를 가져올 뿐이다.

노골적으로 어머니 편을 드는 효자 남편들도 있다.

"아내야 다시 얻으면 되지만 어머니는 이 세상에 한 분밖에 안 계시지 않습니까?"

만약 이런 생각을 가지고 있다면 그 가정은 화목해지기 어렵다. 갈등이 있을 때마다 몇 번이고 아내를 바꿀 것인가? 설령 아내가 달라진다고 해서 고부 갈등이 사라질까? 이런 남편은 결혼을 하지 말고 어머니와 살았어야 한다.

지혜로운 남편이라면 기꺼이 아내 편을 들어야 한다. 아내의 든든한 동맹군이 되어 주어야 한다. 남편 하나 보고 시집온 사람 아닌가. 다른 사람은 몰라도 남편만은 자신을 이해해 주고 지지해 주길 기대했는데, 그 남편이 부모 눈치를 보면서 모른 체하면 아내 입장에서는 억울하고 분할 수밖에 없다. 그런 마음으로 시집에 잘할 리가 없으니 고부 갈등은 더욱 심하게 얽혀 든다.

"하늘이 무너져도 나는 당신 편이야. 당신이 옳아."

남편이 기꺼이 아내 편을 들어 줄 때 비로소 고부 갈등의 실마리가 풀린다. 남편으로부터 지지받는 아내는 어떤 말을 들어도 서운하지 않다. 남편이 든든한 동맹군이 되어 주는데 무엇이 두렵겠는가? 서운한 마음이 없으니 시부모에게 못할 이유도 없다.

그러므로 아내를 향한 남편의 굳건한 사랑과 신뢰, 지지와 인정만이 고부 갈등을 해결할 수 있는 특효약이다. 부부의 마음이 먼저 하나가 되어야 다른 문제를 잘 해결해 나갈 수 있다. 즉 부부의 하나 됨이 먼저이고 고부 갈등은 그다음이라는 것이 가정의 평화를 위한 공식이다.

이런 면에서 요즘 젊은 남편들은 지난 세대보다는 지혜롭다.

"어머니요? 어머니는 절대로 저를 버리지 않아요. 저도 어머니를 버릴 수 없거든요. 하지만 아내는 한 번 가면 다시 안 오잖아요. 그러니까 아내를 잡아야지요."

오늘도 어머니와 아내 사이에 끼어 전쟁을 치르는 괴로운 남편들이여, 먼저 아내의 마음을 확실히 붙잡아라. 그러면 전쟁은 끝나고 평화는 찾아오리라.

처갓집 말뚝에 절을 하라

여자들의 사회 활동 영역이 넓어진 오늘날, 고부 갈등 못지않게 문제가 되는 것이 '장서 갈등'이다. 요즈음엔 장인 장모를 모시는 남편들도 많아졌고, 한집에 살진 않아도 장모가 가까이 살면서 손자 손녀들을 맡아 길러 주거나 살림을 보살펴 주는 집도 흔하다. 당연히 장인 장모의 발언권도 그만큼 세졌다. '처갓집과 뒷간은 멀어야 한다'거나 '사위는 백년 손님'이라는 말은 이제 더 이상 통하지 않는다.

이런 시대에 남편들이 바뀌지 않으면 결혼생활에 어려움이 따른다. "겉보리 서 말만 있으면 처가살이 안 한다"라는 사고방식으로는 변화된 가족 관계에서 생겨나는 갈등에 대처할 수 없다.

아내들이 남편에 대해 성토하는 내용 가운데 하나가 바로 친정을 대하는 태도이다.

"명절에 시댁에는 빠짐없이 가면서 친정에 가자는 말은 안 해요. 시댁에 갈 때는 갈비에다 굴비까지 바리바리 싸 들고 가면서 친정에는 달랑 사과 한 박스 가지고 가요. 그뿐인가요? 시댁에 일이 있으면 빚까지 얻어 가며 나서지만 친정 식구들은 안중에도 없어요."

어쩌다 친정에 가도 남편은 꿔다 놓은 보릿자루처럼 한 구석에 뚱하니 앉아 있거나 10분도 안 돼서 빨리 집에 가자고 재촉이다. 아내는 좀 더 있다 가고 싶은데 옆에서 보채는 남편 때문에 마음이 불편하다. 남편이 이렇게 나오는데 어떤 아내가 시댁 식구에게 잘하고 싶을까? 자신은 처가에 정성을 기울이지 않으면서 아내에게만 시댁 식구에게 잘하라고 한다면, 이것이야말로 얼마나 이기적이고 불공평한가.

한번은 젊은 남편이 부부 갈등이 심하다면서 상담을 요청해 왔다. 퇴근해서 집에 들어가면 아내가 밥상을 차려 주고는 말 한마디 없이 문을 탁 닫고 들어가 버린다는 것이다. 남편은 아내의 이런 냉담한 태도에 크게 상처를 입고 있었다. 어째서 그렇게 되었는지 이야기를 계속 들어 보았다.

신혼 때 시댁 식구들이 연합해서 아내를 공격했다고 한다. 그런 일이 있은 후 아내는 시댁 식구들은 물론 남편에게마저 마음의 문을 닫아 버린 것이다. 남편은 아내의 마음을 열어 보려고 여러 가지로 애를 써 보았으나 한 번 닫힌 문은 열리지 않았다.

우리 부부는 남편에게 처가 식구들에게 극진하게 하라고 조언했다. 마침 장모가 병원에 입원해 있다기에 아내 몰래 병원비를 결제하고 장모가 좋아하는 선물이나 용돈을 드리라고 했다. 아내는 남편의 이런 행동에 감동하여 마침내 굳게 닫힌 마음을 열었다. 처가 식구에게 잘한 것 한 가지로 부부 사이의 갈등이 풀린 것이다.

아내들은 남편이 친정 식구에게 정성을 기울일 때 가장 큰 고마움을 느낀다고 한다. 그 한 가지로 평소에 잘못했던 일이 모두 용서된다고 할 정도이다. 특히 친정이 경제적인 어려움에 처했을 때 남편이 흔쾌히 도와주면 그 고마움은 거의 평생을 간다.

통계에 의하면, 자존감이 낮은 남자일수록 처가와 가까워지기를 싫어한다고 한다. 내세울 게 없다는 열등감이 처가에 대한 심리적 위축으로 나타나는 것이다. 아내가 원하는 것이 꼭 물질적인 도움은 아니다. 친정 식구를 제 식구처럼 여기는 따뜻한 마음, 작은 관심과 정성이다. 정성 어린 마음은 돈보다 훨씬 대단한 일을 해낼 수 있다.

"아내가 예쁘면 처갓집 말뚝에 절을 한다"라는 말이 있다. 그러나 행복한 가정을 꾸리고 싶다면 아내가 예쁘지 않아도 처갓집 말뚝에 절할 줄 알아야 한다. 남편이 처갓집 말뚝에 절을 하는 것을 보고도 마음이 움직이지 않을 아내는 없다.

남편들이여, 아내의 마음을 잡고 싶다면 처갓집 말뚝에 절하라.

전문가 코칭이
필요한 이유

20년도 더 된 일이다. 여러 가지로 미숙했던 우리 부부는 서로에게 많은 상처를 주고 있었다. 어느 날 아내가 내게 생각지도 않은 한 가지 제안을 해 왔다.

"여보, 부부 세미나라는 게 있는데 한번 같이 가 보면 어때?"

"내가 미쳤다고 그런 곳에 참석하겠어?"

그때까지 나는 나 자신이 비교적 괜찮은 남편이라고 자부하고 있었다. 밥을 굶기는 것도 아니요, 그렇다고 폭력적이거나 권위적인 남편은 더욱 아니었다. 그러니 나름 지성과 교양을 갖춘 엘리트로서 부부 세미나 같은 곳에 참석해 남의 강의를 듣는 일이 내게 가당치 않은 일이라고 생각했다.

"그런 데는 부부 사이에 이상이 있는 사람들이나 참석하는 거지. 우리 부부야 아무 문제도 없잖아."

아내는 한동안 말이 없었다. 그러더니 내 손을 붙잡고 말했다.

"그래도 재미 삼아 한번 가 봅시다. 혹시 알아? 우리 부부에게도 무슨 문제가 있는데 그동안 모르고 살아왔을지."

나는 아무래도 내키지 않았지만 아내의 손에 이끌려 세미나에 참석했다. 그런데 첫 강의가 끝날 무렵 갑자기 아내가 통곡을 하기 시작했다.

'아니, 이 여자가 대체 무슨 짓인가. 남편 망신을 시켜도 유분수지……'

아내의 통곡 소리에 사람들이 힐끔힐끔 나를 쳐다보았다. 민망하고 당혹스러웠다. 다들 속으로 이렇게 생각할 것이 뻔했다.

'남편 인상을 보니 아내 속깨나 썩이게 생겼어. 그동안 얼마나 한이 쌓였으면 아내가 저렇게 슬피 울까?'

나는 아내가 왜 그렇게 슬피 우는지 도무지 알 수가 없었다. 내가 그렇게 못된 남편이었나? 내가 잘못한 것이 그리도 많았나? 나름대로 괜찮은 남편이라고 자부해 왔기에 아내의 가슴속에 그토록 서러운 눈물이 쌓여 있을 줄은 상상도 하지 못했다.

"여보, 뭐가 그렇게 슬퍼서 울어? 내가 혹시 당신에게 잘못한 것이라도 있어?"

"'혹시' 잘못한 게 있냐고?"

아내는 더 큰 소리로 울기 시작했다.

그날 나는 지나온 날을 돌아보면서 많은 생각을 했다. 스스로 멋있고 부족함 없는 남편이라는 착각 속에 살고 있는 동안 아내는 나에게 많이 지쳐 있었다. 공격적인 대화, 명령하는 듯한 말투, 다혈질의 급한 성격, 기억도 나지 않는 수많은 말과 행동들로 아내의 마음은 상처투성이가 되어 있었다. 나에게 문제가 있다는 것을 그날 처음으로 깨달았다.

그때 내가 부부 세미나에 참석하지 않았더라면, 아내의 통곡 소리를 듣지 못했더라면 어땠을까? 아마 나의 문제점을 깨닫지 못했을 것이고 우리 부부는 죽을 때까지 가해자와 피해자로 살아왔을지도 모른다. 아내의 통곡 소리는 우리 부부의 삶을 바꾸어 놓은 등대였다. 그 울음이 오늘날의 우리 부부를 만들었다.

많은 부부가 문제가 있어도 그것을 깨닫지 못하거나 혹은 인정하지 않은 채 살고 있다. 그러나 정상적인 사람들은 문제가 있다는 것을 알게 되면 문제를 해소해 간다. 자신의 문제와 정직하게 대면하려 들지 않는 것은 비겁한 일이며 불행한 삶을 벗어나지 못하게 하는 어리석은 짓이다.

우리나라에는 열린 자세로 자신들의 부부 문제를 솔직하게 인정하고 조언을 구하는 문화가 부족하다. 남들 앞에서 부부 문제를 이야기하는 것은 집안 망신이라고 생각하기 때문이다. 그래서 기껏 하는 것이 가까운 친구나 지인을 찾아가는 것이다. 그들에게 속을 털어놓고 조언을 받는 일도 도움은 된다. 그러나 전문 지식이 없는 이들이 감정에 치우쳐 던지는 이야기들은 사태를 더 악화시킬 수도 있다.

"왜 그러고 사니? 그냥 갈라서 버려."

"문제 없는 집이 어디 있어? 부부가 다 그렇지 뭐. 그냥 그냥 참고 살아라."

이러면서 예방하고 대처할 수 있는 문제도 곪아 터져 피고름이 흐를 때까지 방치하다가 결국 이혼에 이르기도 한다. 그 결과 우리나라의 이혼율은 OECD 국가 가운데서도 상위를 달리고 있다.

그러나 이혼은 만병통치약이 아니다. 당사자에게 고통이 되는 것은 물론 자녀들을 비롯하여 나머지 가족들에게도 피해와 상처를 준다.

이혼을 결정하는 부부들은 한결같이 더는 길이 없다고 고개를 젓는다. 그러나 부부 관계를 리모델링해서 행복을 되찾을 길은 분명히 있다. 문제는 리모델링을 어떤 업자에게 맡길 것인가 하는 것이다. 인생이 걸린 중대한 문제를 무허가 업자에게 맡길 수는 없지 않은가. 리모델링을 제대로 하려면 경험 많은 전문가에게 맡겨야 한다. 가정 문제 전문 기관이나 교육받은 상담가들이 당신의 멘토가 되어 줄 수 있다. 그들은 갈등을 해결하고 더 좋은 부부 관계를 만들기 위한 해법을 알고 있다.

원만한 부부 관계나 행복한 가정은 그냥 주어지는 것이 아니다. 좋은 아내, 훌륭한 남편도 저절로 만들어지는 것이 아니다. 가르침을 받아 배우고 익혀야 한다. 갈등이 왜 생기는지, 대화는 어떻게 해야 하는지, 어떻게 해야 남편 노릇 아내 노릇을 제대로 할 수 있는지에 대해 올바른 지식을 습득해야 한다.

문제가 있을 땐 숨기지 말고 도움을 요청하라. 전문 지식을 갖춘 사람들에게 코칭을 부탁하라. 훌륭한 코치에게서 훈련받은 선수라야 올림픽에서 금메달을 따지 않겠는가?

부부 관계 업그레이드를 위한 체크 리스트 20

                                             1 2 3 4 5

1. 배우자와 자주 스킨십을 한다. ☐☐☐☐☐
2. 공동 관심사와 취미활동이 있다. ☐☐☐☐☐
3. 배우자가 싫어하는 일은 안 한다. ☐☐☐☐☐
4. 서로 신뢰가 있고 약속은 지킨다. ☐☐☐☐☐
5. 서로 다른 것을 인정하고 수용한다. ☐☐☐☐☐
6. 사랑을 표현하고 때때로 칭찬과 격려를 한다.
    ☐☐☐☐☐
7. 배우자와 각방을 쓰지 않는다. ☐☐☐☐☐
8. 배우자와의 성생활에 만족한다. ☐☐☐☐☐
9. 배우자에게 폭력을 행사하지 않는다. ☐☐☐☐☐
10. 싸운 후에 가까워지는 편이다. ☐☐☐☐☐
11. 자녀들과 함께 시간을 보낸다. ☐☐☐☐☐
12. 가사에 동참한다. ☐☐☐☐☐

13. 재정 운영에 관해 대화하고 의논한다. ☐☐☐☐☐

14. 대화를 자주 하고 의사소통에 별 문제가 없다.
☐☐☐☐☐

15. 서로의 필요와 바람을 알고 있다. ☐☐☐☐☐

16. 종교, 가치관, TV시청에서 일치하는 편이다.
☐☐☐☐☐

17. 서로의 본가를 똑같이 배려한다. ☐☐☐☐☐

18. 배우자를 고려하여 스케줄을 짠다. ☐☐☐☐☐

19. 관심과 배려와 긍휼히 여기는 마음이 있다.
☐☐☐☐☐

20. 공유하는 시간에 불만이 없다. ☐☐☐☐☐

1점: 전혀 그렇지 않다 ㅣ 2점: 별로 그렇지 않다 ㅣ 3점: 보통이다
4점: 대체로 그렇다 ㅣ 5점: 정말 그렇다

80점 이상: 아주 양호한 관계
70~79점: 비교적 건강한 관계
60~69점: 개선과 변화가 필요
40~59점: 적극적인 개선과 변화의 노력이 필요
40점 이하: 심각한 상태, 상담과 치유가 절대 필요.

―― 에필로그

행복의 열매가
풍성하기를 소망하며

　　　　　　행복한 가정생활 세미나를 하는 제게 친구가 말했습니다.

"너희 부부는 안 싸우고 살겠네."

"아냐 우리 부부도 지지고 볶고 살아."

"어머, 지지고 볶으면 참 맛있겠네."

지지고 볶으면 정말 맛있는 요리가 나와야 합니다. 우리 부부 역시 갈등도 하고 싸움도 합니다. 그러나 지금은 '내가 이겼다, 네가 졌다' 식의 싸움은 하지 않습니다. 두 사람 다 승자가 되는 윈윈 게임이 되도록 합니다. 룰을 지키며 남편과 한바탕 싸우고 나면 왠지 속이 후련하고 앙금이 남지 않게 되더군요.

참 많은 갈등이 있었습니다. 그것은 혼자만의 갈등이었는지도 모르겠습니다. 남편은 별 문제의식이 없었거든요.

"내가 당신한테 못해 준 게 뭔데? 밥을 굶겼냐, 폭력을 썼냐? 나만 한 남편이 있으면 나와 보라고 해!!"

어느 날 우리 부부는 한 부부 세미나에 참석했습니다. 남편은 그런 분위기를 무척 거북해했습니다. 저는 그날 강의를 들으며 속으로부터 북받치는 울음을 터트렸습니다. 아내 노릇, 엄마 노릇이 서러웠습니다. 아무 생각 없이 불쑥 뱉은 말 한마디, 눈빛 하나에도 상처 받고 좌절하고 고통스러웠습니다. 한꺼번에 밀려오는 설움은 눈물샘을 계속 자극했습니다. 부끄러울 정도로 통곡했습니다.

내 통곡에 남편은 당황했습니다. 그때까지 남편은 여자인 나의 고통을 헤아리지 못했습니다. 그러나 남편은 우리에게 문제가 있다는 것을 인지하고 나서는 나의 목소리에 귀를 기울이기 시작했습니다. 그 변화에 저도 마음을 열었습니다.

그러고 보니 나도 남편에게 참으로 미안했습니다. 남편이 원하는 것 뭐 하나 제대로 해 준 게 없더군요. 격려와 칭찬에 인색했고 기 꺾는 얘기나 잔소리로 일관했으니 말입니다.

나와 다른 것 때문에 못 견뎌 하고 못마땅하게 여겼지만, 우리에게는 배우자라는 존재 자체만으로도 큰 축복일 것입니다. 때로는 배우자 때문에 속 뒤집히고 마음 상하기도 하지만, 그래도 짝이 있어 같이 밥을 먹을 수 있고 대화할 수 있는 동반자가 있음을

에필로그

감사합니다.

문득 문정희 시인의 시가 생각납니다.

남편

아버지도 아니고 오빠도 아닌
아버지와 오빠 사이의 촌수쯤 되는 남자
내게 잠 못 이루는 연애가 생기면
제일 먼저 의논하고 물어 보고 싶다가도
아차, 다 되어도 이것만은 안 되지 하고 돌아누워 버리는
세상에서 제일 가깝고 제일 먼 남자
이 무슨 원수인가 싶을 때도 있지만
지구를 다 돌아다녀도
내가 낳은 새끼들을 제일로 사랑하는 남자는
이 남자일 것 같아 다시금 오늘도 저녁을 짓는다
그러고 보니 밥을 나와 함께
가장 많이 먹은 남자
나에게 전쟁을 가장 많이 가르쳐 준 남자

제가 결혼과 부부 생활의 원리를 깨닫고 보니 인생이란 나무에

아름다운 열매가 풍성해졌습니다. 그래서 우리 부부는 행복 특강을 합니다. 부부행복학교에 참석했던 부부들은 이렇게 말합니다.

"부부행복학교는 절벽에서 내민 손과 같았어요."

"아내의 필요가 무엇인지 알았고 지금은 그것을 채워 주려고 노력하게 되었어요."

"이제 부부 생활도 배우고 훈련하고 기술을 연마해야 된다는 걸 알았어요."

펌프에서 물을 퍼올리려면 먼저 펌프에 물 한 바가지를 부어야 합니다. 이것을 마중물이라고 하지요. 나 자신이 변하는 만큼 우리 가정이 변합니다.

이 책은 그 열매들을 조심스럽게 묘사한 작은 그림책일 뿐입니다. 행복의 열매를 먹어 보지 않은 사람은 그 맛을 아무리 설명해도 이해하지 못합니다. 가정에서 누구나 체험하는 작은 일상을 기록한 이 책이 행복한 삶을 바라는 모든 부부에게 도움이 된다면 무엇을 더 바랄까요.

모든 가정이 행복하기를 갈망하며,

김영숙

에필로그

아침 키스가 연봉을 높인다

개정증보판 1쇄 펴낸날 2025년 8월 13일

지은이 두상달·김영숙
펴낸이 박종태

책임편집 옥명호
교열 이화정
디자인 스튜디오 아홉
제작처 성광인쇄

펴낸곳 비전CNF
출판등록 2019년 11월 20일 (제 2022-000005호)
주소 10849 경기도 파주시 월롱산로 64 1층(야동동)
전화 031-907-3927 | **팩스** 031-905-3927
이메일 visionbooks@hanmail.net
페이스북 @visionbooks **인스타그램** vision_books_

마케팅 강한덕 박상진 박다혜 권희령
관리 정광석 박현석 김신근 조용희
경영지원 김태영 최영주

공급처 (주)비전북
  T.031-907-3927 F.031-905-3927

ⓒ 두상달·김영숙, 2025

ISBN 979-11-968788-3-2 03330

• 비전CNF는 몽당연필, 바이블하우스, 비전북과 함께합니다.
• 잘못된 책은 구입하신 서점에서 바꾸어드립니다.
• 책값은 뒤표지에 있습니다.